Gerhard Heinzmann

LEHREN DIE ZEUGEN JEHOVAS DIE WAHRHEIT?

Gerhard Heinzmann

Lehren die Zeugen Jehovas die Wahrheit ?

HEROLD-BUCH

Herold Schriftenmission e.V.
Postfach 11 62, D-35634 Leun

Best.-Nr. 14060
ISBN 3-88936-060-2
4. Auflage 2002

Umschlaggestaltung: Gisela Scheer
Satz: Harms, Erlenbach
Druck und Verarbeitung: Ebner & Spiegel, Ulm
Printed in Germany

Inhalt

Einführung

Schon zahlreiche Bücher wurden über die Zeugen Jehovas geschrieben. Doch wer nimmt sich die Zeit, sie zu studieren? So sind im Grunde immer noch viele Christen über die Lehren der „Neuen-Welt-Gesellschaft" (oder auch „Wachtturm-Gesellschaft") überhaupt nicht informiert. Wenn die Prediger des „Wachtturms" an den Haustüren erscheinen, wissen oft selbst langjährige Nachfolger Jesu keine Antwort auf deren eigenartige Bibelauslegung. Aus Mangel an echter biblischer Unterweisung gehen so Jahr für Jahr viele Anhänger christlicher Denominationen ins fein gesponnene Netz dieser weltweit operierenden Religionsgemeinschaft.

Mit nachfolgenden Ausführungen, in Form von Fragen und Antworten, soll möglichst vielen Menschen geholfen werden, zur besseren Erkenntnis biblischer Wahrheiten zu kommen.

Dabei wollen wir nur *einige* heilsentscheidende Punkte betrachten. Der ehrliche Leser kann dann selbst feststellen, wie die „Wachtturm-Gesellschaft" zu wichtigen Aussagen der Bibel steht.

Mehrere wörtliche Zitate in der vorliegenden Betrachtung stammen aus dem im Jahre 1982 veröffentlichten Buch der „Wachtturm-Gesellschaft" mit dem Titel: „Du kannst für immer im Paradies auf Erden leben". Der Einfachheit halber werden wir uns bei der Beantwortung der einzelnen Fragen jeweils auf das „Paradiesbuch" beziehen. Unter dieser Kurzform ist dieses Buch auch in Kreisen der Zeugen Jehovas bekannt.

Seit wann gibt es
die Zeugen Jehovas?

Die Vertreter der Zeugen Jehovas versuchen den Eindruck zu erwecken, die eigentlichen Nachfolger der Apostel und alleinigen Hüter der biblischen Wahrheiten zu sein. Wie wir aber im Laufe der Betrachtung der verschiedenen Lehraussagen feststellen werden, sind die Mitglieder der „Neuen-Welt-Gesellschaft" weit entfernt von der Lehre Jesu und der Apostel. Somit erweisen sie sich als unechte Bekenner Christi.

Der eigentliche Begründer der Lehre der Zeugen Jehovas ist der Amerikaner Charles Taze *Russel* (1852-1916). Zuerst gehörte Russel zu den Adventisten, ehe er im Jahre 1879 seine eigene Zeitschrift herausgab und 1881 die „Zions-Wachtturm-Traktat-Gesellschaft" gründete. Kurz vor der Jahrhundertwende gaben sich die Anhänger Russels einen eigenen Gruppennamen, „Morgenröte des tausendjährigen Reiches". Ab 1913 nannten sie sich „Internationale Vereinigung der Bibelforscher". Unter dem Namen „Bibelforscher" sind sie auch heute noch vielfach bekannt. *Erst seit dem Jahre 1931* bezeichnen sich die „Bibelforscher" mit „Zeugen Jehovas". Sie sind somit eine recht junge Bewegung.

Obwohl sie in ihrer kurzen Geschichte ihre Lehraussagen wiederholt revidierten, gelang es ihnen in den wenigen Jahren verhältnismäßig viele Leute in aller

Welt in ihre Reihen aufzunehmen. Nach eigenen Angaben ist die „Wachtturm-Gesellschaft" in 235 Ländern mit ca. 6,1 Millionen Verkündigern vertreten. Allein in der Bundesrepublik hat sie über 277 000 Anwesende bei ihren Gedächtnismahlen. Der Hauptsitz der Gesellschaft ist in New York. (Siehe auch Ausführungen zu Frage 16.)

Das Geheimnis ihres relativ schnellen Wachstums liegt wohl weniger im eifrigen Studieren der Bibel als vielmehr in dem intensiven Lesen und Verbreiten ihrer eigenen Schriften. Obwohl die „Wachtturm-Gesellschaft" immer behauptet, sich ganz auf die Heilige Schrift zu gründen, erkennt der *echte* Bibelleser, daß dies nicht der Fall ist. Wenn alle heutigen Anhänger der Zeugen Jehovas vor ihrem Übertritt in diese Gemeinschaft wirklich die Bibel gelesen hätten, wären sie niemals in deren Netze geraten.
Zwar wird in allen möglichen Schriften der Anschein erweckt, daß die Aussagen der Zeugen Jehovas mit Gottes Wort übereinstimmen. Aber gerade das genaue und intensive Bibelstudium läßt die vielen Widersprüche in dem ganzen Lehrgebäude der „Wachtturm-Bibel- und-Traktatgesellschaft" erkennen.

In Wahrheit verbringt ein „Zeuge Jehovas" viel zuviel Zeit mit dem Lesen der vielen Bücher und Zeitschriften seiner Organisation. Für das eigentliche, *fortlaufende* Bibelstudium bleibt dann fast keine Zeit mehr. Aber nur durch ein eingehendes Studium der Heiligen Schrift, und nicht der vielen „Wachtturmbücher", kann der Mensch aus seiner religiösen Verführung herauskommen und kann aus einem *falschen* ein *wahrer* Jünger

Jesu werden, so wie Jesus in Johannes 8, 31.32 sagt: *„Wenn ihr bleiben werdet an meinem Wort, so seid ihr wahrhaftig meine Jünger und werdet die Wahrheit erkennen, und die Wahrheit wird euch frei machen."*

Verkünden die Zeugen Jehovas das echte, unverfälschte Evangelium?

Wenn es nach den Aussagen der „Neuen-Welt-Gesell-schaft" geht, verkünden *sie allein* das wahre, unver-fälschte Evangelium. Alle anderen Glaubensgemein-schaften sind demnach falsch und von Gott verworfen. In der Ausgabe des „Wachtturms" vom 15. März 1958 fragten die Führer der Zeugen Jehovas auf Seite 168 ihre Leser:

„Was wählst du, die bequeme Religion oder das ur-sprüngliche Christentum?"

Mit dieser Frage wird deutlich gemacht, daß die „Neue-Welt-Gesellschaft" für sich in Anspruch nimmt, das ursprüngliche Christentum wiederherzustellen. Am 15. Januar 1958, auf Seite 52, forderte der „Wachtturm" seine Leser auf:

„Geht zum Urquell der christlichen Lehre zurück!"

Und am 1. September 1958 wurde auf Seite 537 behauptet:

„Heute lebt die apostolische Art des Predigens wieder auf."

Dabei wird aber in allen möglichen Schriften der „Zeugen Jehovas" der Inhalt ihrer Predigt, nämlich „die gute Botschaft vom 1914 aufgerichteten Königreich" hervorgehoben. So stand schon im „Wachtturm" vom 15. Dezember 1954 auf Seite 757:

„Auf der ganzen Erde predigen ...

> Jehovas Zeugen diese gute Botschaft vom (1914)
> aufgerichteten Königreich ...
> Sie ist die *einzige* gute Botschaft."

Diese Botschaft des angeblich 1914 aufgerichteten Königreichs steht aber im krassen Widerspruch zu dem Auftrag, den der Her Jesus seinen Jüngern gegeben hat. Die apostolische Urgemeinde verkündete immer die Botschaft eines *zukünftigen*, eines *kommenden* Königreiches.

Nach Matthäus 10, 7.8 sandte Jesus Seine Jünger aus und gab ihnen folgenden Befehl: *„Geht aber und predigt und sprecht: Das Himmelreich ist nahe herbeigekommen. Macht Kranke gesund, weckt Tote auf, macht Aussätzige rein, treibt böse Geister aus."*

Hier spricht Jesus klar und deutlich von einem noch *zukünftigen* Königreich, das aber nach der Lehre der Zeugen Jehovas angeblich schon 1914 gekommen ist. Angesichts dieses eigentlich jedermann deutlich erkennbaren Unterschieds zwischen der Lehre Jesu und den Behauptungen der Zeugen Jehovas kann man sich nur wundern, daß gebildete Leute einer solch offensichtlichen Verdrehung der Bibel Glauben schenken.

Während die Apostel und ersten Zeugen Jesu die Botschaft vom Kreuz und *wiederkommenden* Herrn und Heiland Jesus Christus im Mittelpunkt ihrer Verkündigung hatten, verbreiten die Gefolgsleute der Herren in New York (siehe Frage 15 und 16) eine ganz andere Lehre. Unter der ursprünglichen Botschaft der Urgemeinde wurden noch Sünder gerettet, Kranke geheilt, Aussätzige rein und von bösen Geistern Besessene frei. Demgegenüber hat die „einzig gute Botschaft" der Zeugen Jehovas für solche Offenbarungen des Evangeliums keinen Raum mehr. „Das war einmal, das gibt es nicht mehr", lautet die Aussage der „Wachtturm-Gesellschaft".

Unser Herr Jesus lehrte Seine Jünger beten: *„Dein Reich komme"* (Matthäus 6, 10). Im Gegensatz dazu verkündet das „neue Evangelium" der Zeugen Jehovas ein *gegenwärtiges* Gottesreich, das seit 1914 bestehen soll. Das ursprüngliche, urchristliche Evangelium vom kommenden Reich wurde als „alt und unzeitgemäß" abgetan. Wer denkt, dies sei übertrieben, kann im „Wachtturm" vom 15. April 1958 auf Seite 239 nachlesen:

„Somit war vom Jahre 1914 an die gute Botschaft eines *kommenden* Reiches Gottes *alt und unzeitgemäß* geworden. Die Botschaft ... muß fortan die Botschaft eines *gekommenen* Königreiches Gottes sein. Es muß die Botschaft eines bereits geborenen Reiches Gottes sein, das in den Himmeln aufgerichtet und inmitten aller seiner Feinde im Himmel und auf Erden in Tätigkeit ist!"

Eigenartige Vorkämpfer des „ursprünglichen Christentums", die selbst das Evangelium der ersten Christen und Apostel als „alt und unzeitgemäß" verwerfen, um es durch ein „neues und zeitgemäßes" zu ersetzen. Haben die Schreiber des „Wachtturms" keine Ehrfurcht vor Gott, wenn sie so mit Seinem heiligen Wort umgehen?

Was sagt wohl unser Herr Jesus zu solchen angeblichen „Zeugen" auf Erden? Da gilt die Warnung, die Er durch Seinen Apostel Paulus an alle Seine Nachfolger ergehen ließ: *„Aber auch wenn wir oder ein Engel vom Himmel euch ein Evangelium predigen würden, das anders ist,* *als wir es euch gepredigt haben, der sei verflucht. Wie wir eben gesagt haben, so sage ich abermals: Wenn jemand euch ein Evangelium predigt, anders als ihr es empfangen habt, der sei verflucht"* (Galater 1, 8.9).

Hier spricht also der Diener des Herrn ausdrücklich von der Möglichkeit, daß irgendwelche Lehrer auftreten können, die das wahre, echte Evangelium verdrehen. Woher diese „Wortverdreher" kommen, zeigt uns 2. Korinther 11, 14.15: *„... er selbst, der Satan, verstellt sich als Engel des Lichts. Darum ist es nichts Großes, wenn sich auch seine Diener verstellen als Diener der Gerechtigkeit; deren Ende wird sein nach ihren Werken".*

Diener Satans sind es, die das Wort Gottes, die Wahrheit, verfälschen und allerlei Lügen verbreiten.

Die Lehre vom 1914 aufgerichteten Königreich ist nichts anderes als eine Irreführung der Menschen. Daß solche falschen Lehren in der Endzeit aufkommen, ist für Bibelleser nichts Neues. Schon in 2. Timotheus 4, 3.4 wird uns dieses vorhergesagt: *„Denn es wird eine Zeit kommen, da sie die heilsame Lehre nicht ertragen werden; sondern nach ihren eigenen Gelüsten werden sie sich selbst Lehrer aufladen, nach denen ihnen die Ohren jucken, und werden die Ohren von der Wahrheit abwenden und sich den Fabeln zukehren."*

Die Bibel lehrt uns klar und deutlich: Wenn Jesus kommt und Sein Tausendjähriges Reich aufrichtet, ist Satans Macht gebrochen, und echter Friede und Gerechtigkeit werden auf der Erde regieren. Die Schwerter werden zu Pflugscharen, das heißt, dann gibt es keine die Menschheit bedrohenden Waffenarsenale mehr, sondern nur vollkommenen Frieden unter den Menschen.

„Da werden sie ihre Schwerter zu Pflugscharen und ihre Spieße zu Sicheln machen. Denn es wird kein Volk wider das andere das Schwert erheben, und sie werden hinfort nicht mehr lernen, Krieg zu führen" (Jesaja 2, 4).

Selbst in der Tierwelt wird absolute Harmonie einkehren:

„Gerechtigkeit wird der Gurt seiner Lenden sein und die Treue der Gurt seiner Hüften. Da werden die Wölfe bei den Lämmern wohnen und die Panther bei den Böcken lagern. Ein kleiner Knabe wird Kälber und junge Löwen und Mastvieh miteinander treiben. Kühe und Bären werden zusammen weiden, daß ihre Jungen beieinander liegen, und Löwen werden Stroh fressen wie die Rinder. Und ein Säugling wird spielen am Loch der Otter, und ein entwöhntes Kind wird seine Hand stecken in die Höhle der Natter. Man wird nirgends Sünde tun noch freveln auf meinem ganzen heiligen Berge; denn das Land wird voll Erkenntnis des Herrn sein, wie Wasser das Meer bedeckt" (Jesaja 11, 5.9).

Wie sieht es aber in dem laut der „Neuen-Welt-Gesellschaft" seit 1914 aufgerichteten Königreich Gottes, das „im Himmel und auf Erden tätig" sein soll, aus? Krieg, Mord, Totschlag, moralische Verdorbenheit, immer weiter zunehmende Gottlosigkeit. Dies sind doch deutliche Beweise, daß Jesus *noch nicht* gekommen ist, um Sein Reich aufzurichten. Im Gegenteil, alle diese Verfallserscheinungen der menschlichen Zivilisation sind deutliche Anzeichen, daß unser Herr *bald kommen wird.*

Darum der klare Ruf zur Umkehr und Buße. Wer diesen Ruf absichtlich überhört und sein Leben nicht deutlich nach dem geschriebenen Wort Gottes ausrichtet und statt dessen irrigen Fabeln der Menschen folgt, wird *niemals* Gottes Reich sehen und erleben.

Ist Jesus nur geistig oder ist er leibhaftig auferstanden?

In dem seit 1982 verbreiteten „Paradiesbuch" der „Wachtturm-Gesellschaft" stehen auf Seite 144 und 145 in den Abschnitten 8, 9 und 10 eigenartige Aussagen. Zunächst in Abschnitt 8:

„Was geschah denn dann mit dem Fleischesleib Jesu? Fanden die Jünger sein Grab nicht leer vor? Ja, denn Gott hatte den Leib Jesu entfernt ... Jehova erachtete es somit für passend, den Leib Jesu zu entfernen."

Welch eine kühne Behauptung der „Neuen-Welt-Gesellschaft"! Gott hatte einfach den Leib Jesu entfernt. Begeben sich die Schreiber dieses Buches nicht in die Gesellschaft der damaligen Feinde Jesu, die behaupteten, Jesus sei gar nicht auferstanden? Unmittelbar nach der Auferstehung Jesu verbreiteten sie die Lüge, die Jünger hätten die Leiche Jesu aus dem Grab gestohlen (Matthäus 28, 11-15). Damals beschuldigte man die Apostel, heute soll es Gott selber gewesen sein, der den Leib Jesu heimlich, von der Grabwache unbemerkt, aus dem Grab entfernt haben soll.

Wenn dem wirklich so wäre, dann hätten uns die Jünger Jesu ein falsches Zeugnis in der Heiligen Schrift hinterlassen. Immer wieder bezeugen sie ja, daß Jesus gestorben, begraben und auferstanden ist. So zum Beispiel in 1. Korinther 15, 3.4: *„Denn als erstes habe ich euch* *weitergegeben, was ich empfangen habe: Daß Christus gestorben ist für unsere Sünden nach der Schrift; und daß er auferstanden ist am dritten Tage nach der Schrift."*

Paulus schreibt weiter im 1. Korinther 15, 14.15: *„Ist aber Christus nicht auferstanden, so ist unsere Predigt vergeblich, so ist auch euer Glaube vergeblich. Wir würden dann auch als falsche Zeugen Gottes befunden, weil wir gegen Gott gezeugt hätten, er habe Christus auferweckt, den er nicht auferweckt hätte, wenn doch die Toten nicht auferstehen."*

Der Apostel Petrus berichtet im Hause des römischen Hauptmanns Kornelius laut Apostelgeschichte 10, 39-41: *„Wir sind Zeugen für alles, was er getan hat im jüdischen Land und in Jerusalem. Den haben sie an das Holz gehängt und getötet. Den hat Gott auferweckt am dritten Tag und hat ihn erscheinen lassen, nicht dem ganzen Volk, sondern uns, den von Gott vorher erwählten Zeugen, die wir mit ihm gegessen und getrunken haben, nachdem er auferstanden war von den Toten."*

Petrus bezeugt hier unmißverständlich, daß Jesus *leibhaftig* auferstanden ist. Er und die anderen Apostel aßen und tranken nicht nur mit dem Geist Jesu, sondern mit dem aus dem Grabe auferstanden Herrn (Lukas 24, 41-43). Zwar redet Petrus in seinem 1. Brief, Kapitel 3, Vers 18, davon, *„daß Jesus im Geiste lebendig gemacht wurde".* Dies bedeutet aber nicht, daß nur der Geist Jesu wieder lebendig wurde. Dieser war ja *nie* tot. Unmittelbar vor Seinem Ableben befahl Jesu Seinen Geist in die Hände Seines himmlischen Vaters (Lukas 23, 46). Nachdem der Leichnam leblos im Grabe lag, kehrte der Geist Jesu am dritten Tag wieder in den toten Körper zurück und machte ihn lebendig. Jesu Leib hatte *nie* die

Verwesung gesehen. Damit erfüllte sich das Wort der göttlichen Voraussage in Psalm 16, 10: *„Du wirst nicht zugeben, daß dein Heiliger die Verwesung sehe."* Dieses Wort aus dem Munde Davids bezieht sich eindeutig auf Jesus.

Hätten die Schreiber des „Wachtturms" mit ihrer Theorie recht, daß Gott den Leichnam Jesu heimlich aus dem Grab entfernt habe, dann müßte dieser Leib inzwischen zwangsweise im Weltall verschollen und in die Verwesung übergegangen sein. Aber genau das Gegenteil erklärt Paulus seinen Zuhörern in einer jüdischen Synagoge laut Apostelgeschichte 13, 30- 37: *„Aber Gott hat ihn auferweckt von den Toten; und er ist an vielen Tagen denen erschienen, die mit ihm von Galiläa hinauf nach Jerusalem gegangen waren; die sind jetzt seine Zeugen vor dem Volk. Und wir verkündigen euch die Verheißung, die an die Väter ergangen ist, daß Gott sie uns, ihren Kindern, erfüllt hat, indem er Jesus auferweckte; wie denn im zweiten Psalm geschrieben steht (Psalm 2, 7): ,Du bist mein Sohn, heute habe ich dich gezeugt.' Daß er ihn aber von den Toten auferweckt hat und ihn nicht der Verwesung überlassen wollte, hat er so gesagt (Jesaja 55, 3): ,Ich will euch die Gnade, die David verheißen ist, treu bewahren.' Darum sagt er auch an einer andern Stelle (Psalm 16, 10): ,Du wirst nicht zugeben, daß dein Heiliger die Verwesung sehe.' Denn nachdem David zu seiner Zeit dem Willen Gottes gedient hatte, ist er entschlafen und zu seinen Vätern versammelt worden und hat die Verwesung gesehen. Der aber, den Gott auferweckt hat, der hat die Verwesung nicht gesehen."*

Der Glaube an die Auferstehung Jesu *ist* und *bleibt* der Grundpfeiler des christlichen Glaubens. Entsprechend der Heiligen Schrift ist Jesus für unsere Sünden gestorben und am dritten Tage auferstanden von den Toten. Wer in der Frage der Auferstehung Jesu etwas anderes als die Heilige Schrift lehrt, ist ein falscher Zeuge Gottes!

In Abschnitt 9 des vorher erwähnten Buches der Zeugen Jehovas steht weiter:

„Doch beweist nicht die Tatsache, daß Thomas seine Hand in die Wunde in der Seite Jesu legen konnte, daß Jesus in dem gleichen Leib von den Toten auferweckt wurde, in dem er an den Pfahl genagelt worden war? Nein, denn Jesus nahm einfach einen Fleischesleib an, wie es bereits die Engel vor ihm getan hatten. Um Thomas davon zu überzeugen, wer er war, verwandte er einen Leib mit Wunden. ...“

In Abschnitt 10 ist zu lesen:

„Während Jesus Thomas in einem Leib erschien, der dem Leib, in dem er zu Tode gebracht wurde, ähnlich war ...“

Hier wird behauptet, daß Jesus Seinen Jüngern einen falschen Leib zeigte. Demnach hatte Er gar nicht Seine echten Wunden gezeigt. Dies bedeutet doch, mit anderen Worten ausgedrückt: „Jesus hat Seine Jünger hinters Licht geführt." Oder ganz einfach: „Er hat sie betrogen!"

Solch eine Unterstellung, Jesus hätte sich nach Seiner Auferstehung nur in einem „ähnlichen Leib" Seinen Jüngern gezeigt, ist reine Gotteslästerung. Wie wollen sich die Zeugen Jehovas dafür einmal vor Gott verantworten?

Tatsächlich erfuhren aber zuerst die Frauen, die Frühaufsteherinnen, daß Jesus lebt. Sie suchten den Leichnam Jesu, um ihn zu salben. Als sie aber zum Grab kamen, fanden sie keinen Körper mehr. Dafür sahen sie einen Engel im weißen Gewand, der zu ihnen sprach: *„Fürchtet euch nicht! Ich weiß, daß ihr Jesus, den Gekreuzigten, sucht. Er ist nicht hier; er ist auferstanden, wie er gesagt hat. Kommt her und seht die Stätte, wo er gelegen hat"* (Matthäus 28, 5.6).

Hier sagte doch der Engel, daß *der* Jesus von Nazareth, den man an diese Stätte legte, auferstanden ist und lebt! Der Engel sprach nicht davon, daß Gott den Leib Jesu entfernt hätte. Im Gegenteil, der Engel bestätigte, daß der tote Leichnam wieder lebendig wurde.

Gott, der Vater selbst, war es, der den Leichnam Jesu zu neuem, zu ewigem Leben erweckte. Von dieser Auferstehung des Leichnams Jesu überzeugte sich auch Petrus persönlich (Lukas 24, 12; Johannes 20, 6). Später konnte er in seiner ersten Predigt am Pfingsttag in Jerusalem kühn und voller Überzeugung sagen: *„Diesen Jesus hat Gott auferweckt; dessen sind wir alle Zeugen"* (Apostelgeschichte 2, 32).

Gewiß waren die Jünger Jesu damals auch überrascht und zweifelten zunächst. So berichtet Lukas, der Arzt, in Kapitel 24, 37-43: *„Sie erschraken aber und fürchteten sich und meinten, sie sähen einen Geist. Und er sprach zu ihnen: Was seid ihr so erschrocken, und warum kommen solche Gedanken in euer Herz? Sehet meine Hände und Füße, ich bin's selber. Faßt mich an und seht; denn ein Geist hat nicht Fleisch und Knochen, wie ihr seht, daß ich sie habe. Und als er das gesagt hatte, zeigte er ihnen die Hände und Füße. Als sie aber noch nicht glaubten vor Freude und sich wunderten, sprach er zu* *ihnen: Habt ihr etwas zu essen? Und sie legten ihm ein Stück gebratenen Fisch vor. Und er nahm's und aß vor ihnen."*

Dieser Bericht der Heiligen Schrift über die Begegnung Jesu mit Seinen Jüngern ist doch ein klarer Beweis für Seine leibliche Auferstehung. Wer diese Tatsache leugnet, macht Gott zum Lügner.

„So steht's geschrieben, daß Christus leiden wird und auferstehen von den Toten am dritten Tage; und daß gepredigt wird in Seinem Namen Buße zur Vergebung der Sünden unter allen Völkern", sagt Jesus selbst in Lukas 24, 46.47.

Wohl war Jesu Leib nach Seiner Auferstehung verwandelt worden und nicht mehr den irdischen Gesetzen unterworfen. Von solch einem Auferstehungsleib redet Paulus in 1. Korinther 15, 51 und wünschte sich, damit überkleidet zu werden (2. Korinther 5, 2).

Durch diese Antwort auf die Frage nach der Auferstehung Jesu kann jeder aufrichtige Bibelleser leicht erkennen, wer die Wahrheit lehrt, die Schreiber des „Wachtturms" oder die Apostel, die unter der Inspiration des Heiligen Geistes die Berichte der Bibel geschrieben haben.

Gibt es ein Leben nach dem Tode?

Zu diesem für uns alle so wichtigen Thema lehrt die „Neue-Welt-Gesellschaft", daß es überhaupt keine Existenz nach dem Tode gibt. In dem weitverbreiteten Buch „Die Wahrheit, die zu ewigem Leben führt" wird in Kapitel 5 dem Leser allerlei Unsinn vermittelt. Dort steht – um es kurz zu sagen – die Aussage: „Wenn du tot bist, dann bist du tot. Du merkst, siehst und hörst nichts mehr!"

Dies hört man ja allzuoft aus dem Munde gottloser Spötter. Wenn die Zeugen Jehovas damit recht hätten, könnten sich die Feinde Gottes ja nur freuen. „Wozu also Gott dienen und seine Gebote halten?", haben sich Menschen schon zu alten Zeiten gefragt.

„Aber die Gottesfürchtigen trösten sich untereinander: Der HERR merkt und hört es, und es wird vor ihm ein Gedenkbuch geschrieben für die, welche den HERRN fürchten ... Denn siehe, es kommt der Tag, der brennen soll wie ein Ofen, da werden alle Verächter und Gottlosen Stroh sein ..." (Maleachi 3, 16.19).

Um eine Antwort auf die vorliegende Frage zu finden, wollen wir nun sehen, was Jesus, der Sohn Gottes, zu sagen hat. Sein Wort hat absolute Autorität. Er kam direkt vom Vater und wußte also über das Leben nach dem Tode bestens Bescheid. Durch Ihn werden alttestamentliche Schriftstellen erst richtig verständlich.

So berichtet uns Jesus in Lukas 16, 19-31 von zwei Menschen, die zur selben Zeit lebten. Diese Geschichte vom „reichen Mann und armen Lazarus" ist *kein*

Gleichnis, wie oft fälschlicherweise behauptet wird. Nein, es ist die Schilderung einer wahren Begebenheit, durch die uns Jesus unmißverständlich klar macht, daß es nach dem Tode ein Weiterleben in der Ewigkeit gibt. Die Zuhörer waren Juden und wußten, daß ihr Stammvater Abraham bei Gott im Himmel ist. An diesen Ort, zu Abraham ins *Paradies*, kam nun der arme Lazarus. Das war aber nicht der kranke Leib des Lazarus, sondern sein innerer Mensch, nämlich seine Seele und sein Geist. Die äußere Hülle, der abgemagerte Körper des Lazarus, wurde vielleicht von den Hunden weggeschleppt.

Im Gegensatz dazu bekam der Reiche nach seinem Tod eine große Beerdigung, aber sein innerer Mensch ging in den *Hades*. Dieser Hades, auf deutsch „Hölle" genannt, war nicht sein Grab, wie die „Wachtturm-Gesellschaft" schreibt, oder seine schön ausgekachelte Gruft. Nein, der Hades ist laut der Aussage Jesu ein Ort mit loderndem Feuer (Vers 24), ein Ort der Qual (Vers 28).

Bestimmt stand schon jeder einmal am Grab eines seiner Lieben. Hat man da am Grab oder in der Gruft Feuerflammen gesehen, die den Toten umschlungen haben? Nein, Niemals! Der Hades ist also nicht das Grab auf dem Friedhof, sondern ein grausamer Ort. An diesen Ort der Qual kommt der Gottlose. Für ihn gibt es kein Entrinnen, keinen Platzwechsel mehr (Vers 26). Laut der Erklärung Jesu kann der Gottlose von der Hölle in das Paradies *hineinsehen* (Vers 23), er kann *rufen* (Vers 24) und *empfindet* Schmerzen, er kann *denken* und sich an sein früheres Leben und seine Familie *erinnern* (Vers 25 und 28). Den Gottlosen werden somit *alle* Gelegenheiten bewußt, die Gott ihnen einmal zur Umkehr und Errettung gab, die sie aber nicht genützt haben.

Allgemein ist bekannt, daß man aus der Finsternis ins Licht, aber nicht aus dem Licht in die Finsternis hineinsehen kann. Entsprechend erkennt auch der Reiche aus seinem Ort der Finsternis und der Qual den früheren Bettler Lazarus im Reiche des Lichts. Zu spät wird ihm bewußt, was er mit seiner vermeintlichen Klugheit alles versäumt hat. In Ewigkeit hat er die Herrlichkeit Gottes vor Augen, über die er in seinem irdischen Leben so leichtfertig hinweggegangen ist. Ewig macht er sich nun Vorwürfe: „Ach hätte ich doch geglaubt, ach hätte ich doch ganz ernst genommen, was im Wort Gottes geschrieben steht!" Nun aber gab es keine Chance mehr für ihn zur Umkehr.

Der Reiche in dieser Geschichte ist nicht deshalb an diesen Ort der Qual gekommen, weil er in seinem früheren Leben auf Erden viel Geld besaß und schöne Kleider trug und genug zu essen hatte. Nein, er war immer ein Besserwisser, ein „Neinsager" in bezug auf Gottes Wort. Auch jetzt aus der Hölle heraus will er den Vater Abraham noch belehren, was dieser tun solle (Vers 30). So gibt es bis in unsere Zeit hinein viele Menschen, die dem Reichen in der Hölle gleichen. „Ja, wenn jemand von den Toten auferstehen würde, dann würden wir glauben", sagen sie. Doch wie lautete die göttliche Antwort: *„Wer der Heiligen Schrift",* in diesem Falle *„Mose und den Propheten",* dem Alten Testament nämlich, *„nicht glaubt, wird auch nicht glauben, wenn jemand von den Toten zu ihnen käme"* (Vers 29-31).

Wenn wirklich jemand von den Toten aufersteht, meinen die Weltklugen sofort: „Das sind Märchen,

Hirngespinste beschränkter Menschen." Wer nicht glauben will, hat immer Ausreden! Denn tatsächlich ist Jesus vom Himmel zu uns Menschen auf die Erde gekommen, gestorben und schließlich vom Tode auferstanden. Wer Ihm nicht glaubt, kann keine Hilfe finden! Auch bei anderen Gelegenheiten spricht Jesus unmißverständlich von einem Ort der Herrlichkeit und einem der Verdammnis, siehe Matthäus 7, 13.14. In Matthäus 25, 30. 41. 46 redet Er ganz eindeutig von einem Ort der Finsternis, des ewigen Feuers und ewiger Strafe. Hat Jesus hier nur Geschichten erzählt, um den Menschen Angst zu machen, oder sagt Er uns hier nicht klar und deutlich, was uns nach dem Tod erwartet? Viele solcher Aussagen Jesu könnte man noch anführen, aber es soll genug sein.

In Johannes 5, 24 zeigt uns Jesus eine Möglichkeit, dem ewigen Tod zu entrinnen und ewiges Leben zu empfangen. Voraussetzung dafür ist das Hören und Annehmen von Gottes Wort, echtes *Erkennen* und *Bekennen* der begangenen Sünden, Reinigung durch das Blut Jesu Christi und dadurch die *Wiedergeburt* durch den Heiligen Geist:

„Wahrlich, wahrlich, ich sage euch: Wer mein Wort hört und glaubt dem, der mich gesandt hat, der hat das ewige Leben und kommt nicht in das Gericht, sondern er ist vom Tode zum Leben hindurchgedrungen" (Johannes 5, 24). So lautet das Angebot Jesu an alle Menschen. Wer so durch das Wort Gottes zum echten Glauben an Jesus gekommen ist, wird ein Diener seines Herrn und Meisters. Von diesen sagt uns Jesus in Johannes 12, 26:

„Wer mir dienen will, der folge mir nach; und wo ich bin, da soll mein Diener auch sein. Und wer mir dienen wird, den wird mein Vater ehren."

26

Alle, die Ihm von Herzen dienen und nachfolgen, werden eines Tages die Erfüllung Seiner Zusage in Johannes 14, 3 erleben: *„Wenn ich hingehe, euch die Stätte zu bereiten, will ich wiederkommen und euch zu mir nehmen, damit ihr seid, wo ich bin."*

Dies deckt sich auch mit der Aussage des Apostels Paulus in 1. Thessalonicher 4, 17. Dort steht, daß einmal alle Gotteskinder *allezeit* bei dem Herrn sein dürfen.

Jetzt, hier und heute, in diesem Leben muß der Mensch wählen, wo er die Ewigkeit zubringen will. Statt für immer beim Teufel im Feuersee zu landen (Offenbarung 20, 10.15), gilt es, sich rechtzeitig für Jesus und Sein Reich zu entscheiden.

Besteht der Mensch aus Geist, Seele und Leib?

Im Gespräch mit Zeugen Jehovas kommt man immer wieder auf diese Frage. Zum Beispiel steht in 1. Mose 2, 7 in einigen Bibelübersetzungen: *„... der Mensch wurde eine lebendige Seele."*

Diese *eine* Stelle in der Bibel nehmen die Zeugen Jehovas zur Grundlage ihrer Behauptung, der Mensch *ist eine Seele.* Nun darf man aber auf einen einzigen Vers in der Heiligen Schrift nicht eine ganze Lehre aufstellen. *„Eine Sache bestehe auf zweier oder dreier Zeugen Mund"* (5. Mose 19, 15; vgl. Matthäus 18, 16), das ist Voraussetzung zur Auslegung der Bibel. Eine biblische Lehre muß also mindestens auf zwei oder drei Abschnitte im Alten wie auch im Neuen Testament begründet sein. Da obige Aussage nur in 1. Mose 2 steht, muß sie wohl eine andere Deutung haben. So geben auch verschiedene Bibelübersetzer diese Stelle folgendermaßen wieder: *„Der Mensch wurde ein lebendiges Wesen",* (siehe Bruns, Menge, Zürcher, Pattloch, Einheitsübersetzung). Dies entspricht wohl der Wahrheit. Denn im Alten Testament wie im Neuen Testament finden sich genug Hinweise, die davon reden, daß der Mensch eine Seele *hat.* Zum Beispiel *„Wie der Hirsch lechzt nach frischem Wasser, so schreit meine Seele, Gott, zu dir. Meine Seele dürstet nach Gott ..."* (Psalm 42, 2.3) oder *„Lobe den HERRN meine Seele ..."* (Psalm 103, 1).

Als absolute Autorität in Zweifelsfragen bezeugt unser Herr im Neuen Testament klar und deutlich, daß *jeder Mensch eine Seele hat!* Zum Beispiel spricht Jesus höchst persönlich von Seiner *Seele* (Matthäus 26, 38; Markus 14, 34; Johannes 12, 27).

In Lukas 23, 46 redet Er von Seinem *Geist* und in Matthäus 26, 26 von Seinem *Leib*. Damit bestätigt uns der Herr Jesus selbst, daß Er als Menschensohn aus *Leib, Seele und Geist* besteht. Nach Lukas 1, 46.47 redet Maria, die Mutter Jesu, von ihrer *Seele* und ihrem *Geist* und gebraucht dazu ihren Mund, als Teil ihres *Leibes*. Somit ist erwiesen: auch Maria hatte *Geist, Seele und Leib*. Die Tatsache, daß die Mutter Jesu nicht nur eine Seele *war*, sondern eine Seele *hatte*, brachte auch der alte Simeon bei der Darstellung des vierzig Tage alten Jesuskindes im Tempel zum Ausdruck, als er zu Maria sprach: „.... *und auch durch deine Seele wird ein Schwert dringen ...*" (Lukas 2, 35).

Nach Matthäus 10, 28 und 26, 41 macht Jesus einen Unterschied zwischen *Leib, Seele und Geist* des Menschen. Er sagt: „*Fürchtet euch nicht vor denen, die den Leib töten, doch die Seele nicht töten können; fürchtet euch aber viel mehr vor dem, der Leib und Seele verderben kann in der Hölle.*" Und: „*Wachet und betet, daß ihr nicht in Anfechtung fallt! Der Geist ist willig; aber das Fleisch ist schwach.*"

Im 1. Thessalonicher 5, 23 sagt der Apostel Paulus: „*Er aber, der Gott des Friedens, heilige euch durch und durch und bewahre euren Geist samt Seele und Leib unversehrt, untadelig für die Ankunft unseres Herrn Jesus Christus!*"

Hebräer 4, 12 sagt: „*Das Wort Gottes ist lebendig und kräftig und schärfer als jedes zweischneidige Schwert, und dringt durch, bis es scheidet Seele und Geist, auch Mark und Bein, und ist ein Richter der Gedanken und Sinne des Herzens."*

Diese vielen Aussagen der Heiligen Schrift bestätigen doch deutlich, daß jeder Mensch aus Geist, Seele und Leib besteht.

Selbst die „Neue-Welt-Übersetzung der Heiligen Schrift", die Bibel der Zeugen Jehovas, spricht in all den vorgenannten Stellen von *Geist, Seele und Leib* des Menschen. Wie können angesichts dieser klaren Aussagen des Wortes Gottes die Leute der „Wachtturm-Gesellschaft" noch die Existenz der Seele eines jeden Menschen leugnen?

Kommen wirklich nur 144000 Menschen in den Himmel?

Eine der bekanntesten Behauptungen der Zeugen Jehovas ist, daß *nur* insgesamt 144000 Menschen in den Himmel kommen. Immer wieder ist dazu in den Schriften der „Wachtturm-Gesellschaft" von der „kleinen Herde" die Rede. Zum Beispiel kann man in dem Buch „Die Wahrheit, die zum ewigen Leben führt" in Kapitel 9 auf Seite 79, Abschnitt 10, folgendes lesen:

> „Wußtest du damals, daß nur 144000 Personen, die in den vergangenen neunzehnhundert Jahren aus den Menschen erwählt worden sind, himmlisches Leben erlangen?"

Auf Seite 80, Abschnitt 12, steht weiter geschrieben:

> „Es ist nicht erforderlich, zu der Gruppe Menschen zu gehören, die himmlisches Leben ererben wird, um von den Kümmernissen und Sorgen des Lebens befreit zu werden. Gott liebt auch seine ‚anderen Schafe', die auf der Erde leben."

Nach der Lehre der Zeugen Jehovas gibt es also zwei verschiedene Herden, eine „kleine Herde", die in den Himmel kommt, bestehend aus nur 144000 Personen, und dann noch die „anderen Schafe", bestehend aus einer großen Menge, die auf der Erde weiterleben sollen.

Als angeblicher Beweis für diese Behauptung wird Johannes 10, 16 angeführt. Um die Wahrheit zu ergründen, wollen wir uns diese Stelle der Heiligen Schrift genauer ansehen:

„Ich habe noch andere Schafe, die sind nicht aus diesem Stalle; auch sie muß ich herführen, und sie werden meine Stimme hören, und es wird eine Herde und ein Hirte sein" (Johannes 10, 16).

Als Jesus diese Worte sprach, hatte Er nur Zuhörer aus dem jüdischen Volk. Diesen kündigte Er damit an, daß einmal auch den Heiden Sein Wort verkündigt wird und dann viele aus den verschiedenen Völkern Seine Stimme hören werden. Zusammen mit den an Jesus glaubenden und wiedergeborenen Juden werden die aus den Heidenvölkern herausgerufenen Schafe *eine* Herde, nämlich die Gemeinde Jesu bilden. Er selbst, unser Herr Jesus, wird dann der *eine* Hirte für die Ihm folgenden Schafe sein.

Die Apostelgeschichte und die Schriften der Apostel bezeugen uns, wie dies Wirklichkeit wurde. Wiedergeborene Juden und wiedergeborene Heiden bilden *eine* Herde unter *einem* Hirten.

Die Lehre von den *zwei* Herden steht im krassen Widerspruch zur klaren Aussage Jesu. Würden die Zeugen Jehovas die einzelnen Worte Jesu nicht zerstückeln, könnten sie *nie* solche Irrlehren in die Welt setzen. Im Umgang mit diesem Wort Jesu in Johannes 10, 16 sehen wir die Taktik der „Neuen-Welt-Gesellschaft" ganz deutlich. Man zitiert nur den halben Satz: *„Ich habe noch andere Schafe, die sind nicht aus diesem Stalle ... "* Was Jesus aber im selben Atemzug noch weiter genannt hat, wird einfach unterschlagen. Die zweite Hälfte dieses Wortes aus dem Mund Jesu widerlegt eindeutig die Lehre von *„der Gruppe Menschen ... , die himmlisches Leben ererben"* und *„den ‚anderen' Schafen, die auf der Erde leben"*.

Nein, Jesus sagt unmißverständlich, daß es unter Ihm, dem guten Hirten, *nur eine* Herde, bestehend aus Juden und Heiden, geben wird. Die Zahl der Schafe, die zu dieser *einen* Herde gehören, wird für uns Menschen unzählbar sein, wie aus der Antwort zur nächsten Frage hervorgeht.

Was ist der Unterschied zwischen den 144000 und der großen Volksmenge in Offenbarung 7?

Bevor wir diese Frage beantworten, müssen wir erst einmal in die Bibel hineinschauen. Zunächst stellen wir fest, daß das 7. Kapitel der Offenbarung mit dem Wort „danach" beginnt. Demzufolge geht etwas dem Geschehen in diesem 7. Kapitel voraus. Wenn wir also weiter zurückblättern, kommen wir zu Kapitel 4, das ebenfalls mit dem Wort „danach" beginnt. Hier in diesem 4. Kapitel, Vers 1, steht, daß Johannes eine offene Tür im Himmel sah und die Aufforderung hörte: *„Steig herauf, ich will dir zeigen, was nach diesem geschehen soll."* Weiter berichtet Johannes: *„Alsbald wurde ich vom Geist ergriffen. Und siehe, ein Thron stand im Himmel, und auf dem Thron saß einer"* (Offenbarung 4, 2).

Johannes wird nach dem Empfang der Sendschreiben an die verschiedenen Gemeinden (Offenbarung 1-3) in himmlische Regionen versetzt und sieht dort im Himmel verschiedene Ereignisse, die er in den Kapiteln 4 bis 6 beschreibt. Zu diesem Erfahrungsbericht gehört auch Kapitel 7, als direkte Fortsetzung der vorhergehenden Kapitel. Deshalb beginnt dieses 7. Kapitel mit dem Wort „danach". Dies muß man wissen, um das recht zu verstehen, was Johannes im folgenden schreibt:

Und ich hörte die Zahl derer, die versiegelt wurden: hundertvierundvierzigtausend, die versiegelt waren aus allen Stämmen Israels: aus dem Stamm Juda zwölftausend versiegelt, aus dem Stamm Ruben zwölftausend, aus dem Stamm Gad zwölftausend, aus dem Stamm Asser zwölftausend, aus dem Stamm Naftali zwölftausend, aus dem Stamm Manasse zwölftausend, aus dem Stamm Simeon zwölftausend, aus dem Stamm Levi zwölftausend, aus dem Stamm Isaschar zwölftausend, aus dem Stamm Sebulon zwölftausend, aus dem Stamm Josef zwölftausend, aus dem Stamm Benjamin zwölftausend versiegelt. Danach sah ich, und siehe, eine große Schar, die niemand zählen konnte, aus allen Nationen und Stämmen und Völkern und Sprachen; die standen vor dem Thron und vor dem Lamm, angetan mit weißen Kleidern und mit Palmzweigen in ihren Händen, und riefen mit großer Stimme: Das Heil ist bei dem, der auf dem Thron sitzt, unserm Gott und dem Lamm! Und alle Engel standen rings um den Thron und um die Ältesten und um die vier Gestalten und fielen nieder vor dem Thron auf ihr Angesicht und beteten Gott an und sprachen: Amen, Lob und Ehre und Weisheit und Dank und Preis und Kraft und Stärke sei unserm Gott von Ewigkeit zu Ewigkeit! Amen.

Und einer der Ältesten fing an und sprach zu mir: Wer sind diese, die mit den weißen Kleidern angetan sind, und woher sind sie gekommen? Und ich sprach zu ihm: Mein Herr, du weißt es. Und er sprach zu mir: Diese sind's, die gekommen sind aus der großen Trübsal und haben ihre Kleider gewaschen und haben ihre Kleider hell gemacht im Blut des Lammes. Darum sind sie vor dem Thron Gottes und dienen ihm Tag und Nacht in seinem Tempel; und der auf dem Thron sitzt, wird über ihnen wohnen. Sie werden nicht mehr hungern noch dürsten; es wird auch nicht auf ihnen lasten die Sonne oder irgendeine Hitze; denn das Lamm mitten auf dem Thron wird sie weiden und leiten zu den Quellen des lebendigen Wassers, und Gott wird abwischen alle Tränen von ihren Augen.

In Vers 4 wird uns unmißverständlich gesagt, daß die 144000 aus dem Volk Israel kommen. Es werden uns alle 12 Stämme Israels namentlich genannt.

Woher nimmt sich die „Wachtturm-Gesellschaft" das Recht, zu behaupten, damit seien gar keine echten Juden gemeint, sondern nur geistige Israeliten? Den Juden ihre besondere Berufung abzusprechen ist nichts anderes als Antisemitismus! Dies hatten christliche, religiöse Kreise über Jahrhunderte hindurch gepflegt und damit letztlich geholfen, den Weg für den Holocaust zu bereiten, den Versuch Hitlers, die Juden total zu vernichten.

Wenn nun dort in Offenbarung 7, 4-8 von Israel die Rede ist, dann sind diese 144000 auch Angehörige des Volkes Israel!

Die übrigen Nationen werden in Vers 9 erwähnt. Aus allen Völkern, Rassen und Stämmen hat sich Jesus eine unzählbare Schar mit Seinem Blut erkauft. Vers 14 sagt uns, daß diese große Schar ihre Kleider gewaschen hat im Blut des Lammes. Nun stehen sie vor dem Thron Gottes und des Lammes, und gemeinsam mit allen Engeln beten sie an, wie schon zuvor die 24 Ältesten, die *im Himmel* vor dem Thron niederfallen (Offenbarung 4, 10).

Vers 15 bekundet noch einmal deutlich, daß diese Erlösten in weißen Kleidern *vor dem Thron Gottes* sind und Ihm Tag und Nacht *in Seinem Tempel* dienen. Sie sind nicht mehr auf der Erde, sondern dort, wo auch die Engel sind. Wie könnten sie sonst mit diesen vor dem Thron Gottes anbeten? Sie erleben jetzt die Erfüllung der Verheißung ihres geliebten Herrn, der sagte: „... *wo ich bin, da soll mein Diener auch sein ...*" (Johannes 12, 26).

Dieser Text in Offenbarung 7 gibt uns darüber Klarheit, daß *alle* wiedergeborenen Gotteskinder aus *allen* Rassen und Klassen und Stämmen einmal bei Gott und Jesus in der Herrlichkeit sein dürfen.

Dabei sind es nicht „alle guten Menschen", wie auf Seite 120 im „Paradiesbuch" steht, die in den Himmel kommen, sondern *nur solche, die rechtzeitig ihre Sünden erkannt und bekannt* haben, die also durch eine echte Buße die Wiedergeburt erlebt haben. Diese ist laut Jesu Worte in Johannes 3, 3-5 Voraussetzung, um ins Himmelreich zu kommen. Die rassische oder nationale Abstammung spielt dabei keine Rolle. Das Wichtigste ist, daß die Erlösten ihre Kleider im Blute des Lammes gewaschen haben. Egal, ob aus dem Volke Israel oder aus den Heidenvölkern stammend: diese mit dem Blute Jesu Erkauften bilden gemeinsam eine unzählbare Schar, die für Ewigkeiten Gott dem Vater und Jesus, Seinem Sohne, dienen darf.

Frage 8

Kommen kleine Kinder,
wenn sie sterben,
nicht in den Himmel?

Nach der Lehre der Zeugen Jehovas werden kleine Kinder nach ihrem Tod *nicht* in den Himmel aufgenommen. Auf Seite 124 des Buches „Du kannst für immer im Paradies auf Erden leben", Abschnitt 13, ist zu lesen:

> „Das bedeutet, daß kleine Kinder, die nicht die Gelegenheit hatten, während eines jahrelangen christlichen Dienstes völlig geprüft zu werden, nicht in den Himmel aufgenommen werden."

Dieser ungeheuren Behauptung der „Wachtturm-Gesellschaft" stehen aber klare Aussagen Jesu in Matthäus 19, 14; Markus 10, 14 und Lukas 18, 16 gegenüber. *„Lasset die Kinder und wehret ihnen nicht, zu mir zu kommen; denn solchen gehört das Himmelreich"* (Matthäus 19, 14).

Wenn kleine Kinder sterben, gehört ihnen laut Jesus das Himmelreich. Sie brauchen sich dieses nicht erst über Jahre hinweg durch einen anstrengenden christlichen Dienst neu erwerben.
Im Gegensatz dazu müssen sich alle anderen Menschen, dazu gehören auch heranwachsende Jugendliche, von Herzen zu Gott bekehren, wenn sie einmal in Gottes Reich eingehen wollen.
Heute ist noch Hoffnung für Hoffnungslose. Wer mit

seinen Sünden und Problemen zu Jesus kommt, darf Vergebung seiner Schuld und die Gotteskindschaft erlangen. Damit empfängt er vom Heiligen Geist die innere Gewißheit, einmal bei Jesus eine himmlische Wohnung beziehen zu dürfen. Diese Wohnungen sind nicht auf 144000 begrenzt. Jesus sagte: *„In meines Vaters Haus sind viele Wohnungen".* Lesen Sie dazu Johannes 14, 2.3.

Haben Sie, lieber Leser, schon eine Wohnung im Himmel reserviert? Bald kommt unser Herr Jesus, und wer bereit ist, den wird Er mit Sich nehmen, damit er in Ewigkeit bei Ihm sei.

Kommt Jesus
wieder sichtbar zurück?

Zu den wichtigsten Aussagen der Heiligen Schrift gehört die Lehre von der Wiederkunft Jesu Christi. Das Alte wie auch das Neue Testament ist voll von Hinweisen auf dieses große Ereignis der Zukunft. So füllt auch dieses Thema einen großen Teil der Schriften der Zeugen Jehovas. Wie wir in der Beantwortung der Frage 3 gesehen haben, ist nach der Lehre der Zeugen Jehovas Jesus nicht leibhaftig, sondern nur geistig auferstanden. Somit ist es auch nicht verwunderlich, daß in den *heutigen* Schriften der „Neuen-Welt-Gesellschaft" nur von einer geistigen, also einer unsichtbaren Wiederkunft Jesu die Rede ist. Im Gegensatz dazu berichten viele Schriften des Gründers der „Wachtturm-Gesellschaft", C.T. Russel, die vor 1914 geschrieben wurden, *immer* von einer sichtbaren Aufrichtung des Reiches Christi auf Erden und dem Ende aller menschlichen Regierungen.

So stand es in dem 1913 von C.T. Russel herausgegebenen Buch „Die Zeit ist herbeigekommen".

Laut diesem Buch erwartete Russel für das Jahr 1914

> „das völlige Ende der Zeiten der Heiden (Nationen), die Auflösung der Herrschaft unvollkommener Menschen, daß das Königreich Gottes auf Erden festgegründet wird, daß der, dem das Recht gebührt, diese Herrschaft an sich zu nehmen, als der neue Herrscher der Erde gegenwärtig sein wird, und daß

von jener Zeit an Jerusalem nicht länger von den Nationen zertreten sein, sondern sich aus dem Staub der göttlichen Ungnade in Ehre erheben wird."

Alle diese Voraussagen Russels für das Jahr 1914 erwiesen sich als falsch. Jesus kam noch nicht zurück, Jerusalem wurde auch über das Jahr 1914 hinweg von den Nationen zertreten, und die übrigen Aussagen erfüllten sich ebenfalls nicht.

Doch die Wiederkunft unseres Herrn wird sich noch ereignen. Immer wieder sprach Jesus selbst davon, daß Er eines Tages für alle Welt sichtbar wiederkommen wird. Dies geht eindeutig aus verschiedenen Aussagen der Heiligen Schrift hervor. Auch in der „Neuen-Welt-Übersetzung der Heiligen Schrift", der „Bibel" der Zeugen Jehovas, sind folgende klare Hinweise auf eine sichtbare Wiederkunft Jesu Christ zu finden.

„... und sie werden den Sohn des Menschen mit Macht und großer Herrlichkeit auf den Wolken des Himmels kommen sehen" (Matthäus 24, 30).

„... Von jetzt an werdet ihr den Sohn des Menschen zur Rechten der Macht sitzen und auf den Wolken des Himmels kommen sehen" (Matthäus 26, 64).

„... Dieser Jesus, der von euch weg in den Himmel aufgenommen worden ist, wird so kommen, in derselben Weise, wie ihr ihn in den Himmel habt gehen sehen!" (Apostelgeschichte 1, 11).

„Siehe! Er kommt mit den Wolken und jedes Auge

wird ihn sehen ..." (Offenbarung 1, 7).

Wie Jesus das erste Mal nicht unsichtbar im Geiste, sondern in menschlicher Gestalt für jedermann erkennbar auf diese Erde kam, wird Er auch zum zweiten Mal für alle Welt *sichtbar* erscheinen.
Ob die „Neue-Welt-Gesellschaft" es wahrhaben will oder nicht, Gottes Wort wird sich erfüllen, so, wie es geschrieben steht.

„Und wie den Menschen bevorsteht, einmal zu sterben, danach aber das Gericht, so wird auch Christus, nachdem er einmal geopfert worden ist, um die Sünden vieler hinwegzunehmen, zum zweiten Mal ohne Sünde erscheinen denen, die ihn zum Heil erwarten" (Hebräer 9, 27.28).

Dabei kommt Er aber nicht mehr armselig wie damals in Bethlehem, sondern in großer Kraft und Herrlichkeit.
Für die Seinen, die auf Ihn warten, kommt Er als *Retter*, für alle anderen als *Richter*.
Über das genaue Datum dieses gewaltigen Ereignisses läßt Jesus Seine Nachfolger im Unklaren. Auf eine entsprechende Frage gibt Er Seinen Jüngern folgende Antwort:
„Es gebührt euch nicht, zu wissen Zeit oder Stunde, welche der Vater seiner Macht vorbehalten hat" (Apostelgeschichte 1, 7).

Während sich die Schreiber des Wachtturms immer wieder anmaßten, das Datum der sichtbaren Machtentfaltung genau zu wissen, und dabei jedesmal einen Reinfall erlebten, sagte Jesus Seinen Freunden, daß sie sich über den genauen Zeitpunkt Seiner Rückkehr kein Kopfzerbrechen bereiten sollten. Der Versuch, ein Datum für die Wiederkunft Jesu festzulegen, steht also im Widerspruch zu Seinem Willen. Und wer nicht im Zentrum Seines Willens steht und lebt, wird wohl einst schwer vor Ihm bestehen können.

Wann kommt Jesus wieder?

Wie wir in der Antwort auf die vorhergehende Frage gesehen haben, will Jesus gar nicht, daß Seine Jünger das genaue Datum Seiner Wiederkunft errechnen. In Seiner Endzeitrede in Matthäus 24 und bei anderen Gelegenheiten spricht aber Jesus von „Zeichen der Zeit", an denen Seine Freunde erkennen sollen, wie spät es auf der Weltenuhr ist. Zu diesen Erkennungszeichen gehören u.a. Kriege, Hungersnöte und Erdbeben (Vers 7). Dies sind aber keine Beweise, daß Er schon unsichtbar gegenwärtig ist – wie die Zeugen Jehovas behaupten – sondern Hinweise *auf sein baldiges Kommen.* Zu den weiteren Hinweisen auf dieses kommende Ereignis zählt auch die Verfolgung Seiner Jünger (Vers 9), gegenseitiger Verrat und zunehmende Lieblosigkeit unter den Menschen (Vers 10 und 12). Mehrmals erwähnt Er das Auftreten religiöser Verführer (Vers 5, 11und 24) als ein Zeichen Seines bevorstehenden Erscheinens. Und tatsächlich, noch in keiner Zeit zuvor gab es so viele Religionsgemeinschaften, die das Wort Gottes verdrehen und Menschen in die Irre führen, wie in den letzten Jahren.

In Matthäus 24, 14, gibt Jesus noch einen weiteren, wichtigen Fingerzeig auf Sein zweites Kommen: *„Und es wird gepredigt werden das Evangelium vom Reich in der ganzen Welt zu einem Zeugnis für alle Völker, und dann wird das Ende kommen."*

Bevor Jesus also wieder auf diese Erde zurückkehrt, müssen alle Völker die Frohe Botschaft vom Reiche

Gottes hören. Hier meint Jesus aber *das* Evangelium, das *Er* einst den Aposteln und ersten Jüngern anvertraut hat, so wie es zum Beispiel in Markus 16, 15-18 steht: *„Gehet hin in alle Welt und predigt das Evangelium aller Kreatur. Wer da glaubt und getauft wird, der wird selig werden; wer aber nicht glaubt, der wird verdammt werden. Die Zeichen aber, die da folgen werden denen, die da glauben, sind die: in meinem Namen werden sie Teufel austreiben, mit neuen Zungen reden, Schlangen vertreiben; und so sie etwas Tödliches trinken, wird es ihnen nicht schaden; auf Kranke werden sie die Hände legen, so wird es besser mit ihnen werden."*

Dies war die Botschaft, die die Apostel und später deren Nachfolger verkündeten. Durch echte Buße und Bekehrung kamen seit dem ersten Pfingsttag in aller Welt unzählige Menschen zum lebendigen Glauben an Gott den Vater und Jesus Christus, Seinen Sohn. Dabei erlebten sie zu allen Zeiten und an allen Orten auch die mitfolgenden Zeichen, so wie es in Markus 16, 20 steht: *„Sie aber gingen aus und predigten an allen Orten; und der Herr wirkte mit ihnen und bekräftigte das Wort durch mitfolgende Zeichen."*

Das Evangelium ist noch immer dasselbe. Es hat sich nicht geändert. Jesus sagte: *„Himmel und Erde werden vergehen, aber meine Worte werden nicht vergehen"* (Matthäus 24, 35).

So ist es auch heute noch Aufgabe der Jünger Jesu, weltweit Menschen zur Buße und Umkehr zu rufen, denn *„das Himmelreich ist nahe herbeigekommen"*!

Was machen aber die Zeugen Jehovas? Statt dieses ursprüngliche Evangelium vom kommenden Königreich zu verkünden, verwirren sie die Zuhörer mit einer Botschaft, die besagt, Jesus sei schon 1914 wiedergekommen. So steht es unter anderem in dem schon mehrmals erwähnten „Paradiesbuch" der „Neuen-Welt-Gesellschaft" auf Seite 147, Abschnitt 16:

> „Wie wir im vorigen Kapitel gesehen haben, war gemäß der Bibel 1914 u.Z., die von Gott bestimmte Zeit da, daß Christus wiederkam und seine Herrschaft antrat."

Welch eine kühne Behauptung, die doch im krassen Widerspruch zur Heiligen Schrift und Lehre der Apostel steht. Diese lehrten immer: *„Jesus kommt bald!"* Selbst unser Herr Jesus ruft Seinen Getreuen mehrmals zu: *„Siehe, ich komme bald"!* (Offenbarung 3, 11; 22, 7.12.20).

Der „Wachtturm" aber behauptet: „Jesus ist schon gekommen, und zwar im Jahre 1914"! Hier zeigt sich doch ein Unterschied wie Tag und Nacht. Wer heute von Haus zu Haus geht und lehrt, Jesus sei schon 1914 gekommen, lehrt nicht wie die ersten Christen und kann nicht von sich behaupten, in den Fußspuren der Apostel zu wandeln.

Darum noch einmal: Zeit und Stunde Seiner Wiederkunft wissen wir nicht!

Frage 11

Gibt es in der Bibel
einen sicheren Beweis
für die baldige Wiederkunft Jesu?

Wie wir aus der Antwort zur Frage 9 gesehen haben, kommt Jesus wieder sichtbar auf diese Erde zurück. Ein absolut sicheres Zeichen dafür ist die Rückkehr des Volkes Israel aus seiner weltweiten Zerstreuung.

Davon schreibt schon Daniel im Alten Testament: *„Wenn die Zerstreuung des Heiligen Volkes ein Ende hat, soll solches alles geschehen"* (Daniel 12, 7).

Dabei meint die Bibel nicht ein geistliches Israel, sondern wirklich das Volk der Juden, die in alle Welt zerstreut wurden. Auch der Prophet Jeremia berichtet darüber in Kapitel 31, Vers 10:

„Höret ihr Heiden und verkündet es fern in den Inseln und sprecht: Der Israel zerstreut hat, der wird es auch wieder sammeln und wird sie hüten wie ein Hirte seine Herde."

Und in Kapitel 16, 14.15 lesen wir: *„Darum siehe, es kommt die Zeit, spricht der Herr, daß man nicht mehr sagen wird: So wahr der Herr lebt, der die Kinder Israels aus Ägyptenland geführt hat, sondern: So wahr der Herr lebt, der die Kinder Israels geführt hat aus dem Lande der Mitternacht und aus allen Ländern, dahin er sie verstoßen hatte! Denn ich will sie wiederbringen in das Land, das ich ihren Vätern gegeben habe."*

Von dieser Rückkehr des Volkes Israel aus der weltweiten Zerstreuung in das Land ihrer Väter und von der Wiedereinnahme Jerusalems sprach auch unser Herr

Jesus in Lukas 21, 24: *„... und Jerusalem wird zertreten werden von den Heiden, bis daß der Heiden Zeit erfüllt ist."*

Erst im Jahre 1967 erfüllte sich dieses Wort Jesu. Seit dieser Zeit ist Jerusalem wieder in den Händen Israels. Wer hätte dieses noch vor 50 Jahren zu glauben gewagt, als durch Hitler die schlimmste Verfolgung für die Juden ausbrach? Doch ebenso wortwörtlich, wie sich diese Voraussage Jesu über die Rückführung der Juden aus der Zerstreuung und über die Befreiung Jerusalems von heidnischer Besatzung erfüllte, wird sich auch die baldige, sichtbare Wiederkunft Jesu *wörtlich* erfüllen.

Dann wird die Macht Satans gebrochen; Krieg, Hunger und Elend gehören der Vergangenheit an. Der Fürst dieser Welt und seine Helfershelfer werden gefesselt und in den Abgrund geworfen. Die Waffen werden schweigen, und Jesus wird als König der Könige und Herr aller Herren für 1000 Jahre von Jerusalem aus, der künftigen Welthauptstadt, über diese Erde regieren (Offenbarung 20, 2.3; Jesaja 2, 2-4).

Wann diese Zeit anbrechen wird, sagt uns Jesus nicht, aber eines betont Er mit Nachdruck: *„So seid allezeit wach und betet, daß ihr stark werdet, zu entfliehen diesem allen, was geschehen soll, und zu stehen vor dem Menschensohn"* (Lukas 21, 36).

Wie zuverlässig sind die Voraussagen der Zeugen Jehovas?

C.T. Russell, der eigentliche Gründer der „Wachtturm-Gesellschaft", hatte für das Jahr 1914 das Ende der „Zeiten der Nationen" und die „Entrückung der Heiligen", die „Schlacht von Hamagedon" und den Beginn des „Tausendjährigen Reiches" vorhergesagt. Dies wurde unter anderem in seinem Buch „Die Zeit ist herbeigekommen", Ausgabe 1913, auf Seite 73 und 74 angekündigt. Doch nichts dergleichen geschah. Statt Entrückung der Heiligen und Beginn des Tausendjährigen Reiches brach 1914 der erste Weltkrieg aus.

Das Ausbleiben der Verheißungen löste unter der Anhängerschaft der „Bibelforscher" eine große Enttäuschung aus. Doch die Führung war weit entfernt, ihre falschen Prophezeiungen einzugestehen. Nach dem Tod ihres Gründers Russell im Jahre 1916 hatte die Leitung der „Wachtturm-Gesellschaft" unter ihrem neuen Präsidenten Rutherford schnell andere Voraussagen bereit. Zuerst sollten 1918, dann aber endgültig 1925 die Heiligen auferstehen. So ist in dem 1920 in Brooklyn von J. F. Rutherford herausgegebenem Buch „Millionen Menschen werden nicht sterben" auf Seite 81 folgendes zu lesen:

> „Wir können vertrauensvoll erwarten, daß mit 1925 die Rückkehr Abrahams, Isaaks, Jakobs und der glaubenstreuen Propheten des alten Bundes eintreten wird, besonders diejenigen, deren Namen von den Aposteln in Hebräer 11 genannt werden ...“

Zusammen mit der Auferweckung der Heiligen des Alten Testaments wurde die Errichtung des Königreichs in Palästina mit Jerusalem als Wohnort der Patriarchen und als Welthauptstadt prophezeit:

„Es sprechen Beweise dafür, daß die Errichtung des Königreichs in Palästina wahrscheinlich im Jahre 1925 stattfinden wird, zehn Jahre später, als wir einmal berechnet hatten."

Das ist in dem 1922 erschienenen „Wachtturm"-Buch „Das vollendete Geheimnis" auf Seite 164 nachzulesen. Weiter wurde in dem 1924 erschienenen Jugendbuch „Der Weg zum Paradies", geschrieben von E. W. Amburgh, für das Jahr 1925 auf Seite 214 folgendes prophezeit:

„Da seit 1914 die Nationen von Gott nicht mehr als Nationen anerkannt werden, wird Christus bald beginnen, mit jedem einzelnen Menschen zu handeln, und zwar wird er zuerst mit den Juden durch die Überwinder beginnen. Wir sollten darum kurz nach 1925 ... die Auferweckung von Abel, Henoch, Noah, Melchisedek, Abraham, Isaak, Jakob, Hiob, Moses, Samuel, David, Jesaja, Jeremia, Hesekiel, Daniel, Johannes der Täufer und vielen anderen erwarten ..."

Die Zeitschrift „Das goldene Zeitalter" (heute „Erwachet") berichtete in ihrer Ausgabe vom 15. März 1924:

„Wir erwarten mit großer Gewißheit, daß die jetzige große Drangsal (Dan. 12; Matth. 24; Luk. 21, 5-36) im Jahre 1925, etwa im Herbst, ihren furchtbaren Höhepunkt erreicht und alsdann zum endgültigen Abschluß kommen wird, damit anschließend das Werk der Wiederherstellung aller Dinge (Apg. 3, 19-20) unter der gerechten Regierung des Christus und seiner Getreuen (Offb. 20, 4-6) beginnen kann. Wir erwarten mit absoluter Zuverlässigkeit die nach der Drangsal beginnende Auferstehung der gesamten Menschheit ..."

Das Jahr 1925 ging vorüber ohne irgendwelche besonderen Vorkommnisse. Die zuvor Enttäuschten wurden wieder enttäuscht. Doch statt sich zu ihren Irrtümern zu bekennen, schoben die Führer der „Neuen-Welt-Gesellschaft" die Verantwortung für die falschen Prophezeiungen ihren Anhängern zu. Was zunächst mit „großer Gewißheit" und „absoluter Zuverlässigkeit" angekündigt worden war, wurde später als „Meinung" und „Wahrscheinlichkeit" bezeichnet. So ist im Jahrbuch 1975 der Zeugen Jehovas auf Seite 145 zu lesen:

„Das Jahr 1925 war für viele Brüder ein trauriges Jahr. Einige strauchelten; ihre Hoffnungen waren enttäuscht worden. Sie hatten gehofft, daß einige der alttestamentlichen Überwinder auferstehen würden. Statt dies als eine ‚Wahrscheinlichkeit' anzusehen, lasen sie hinein, daß dies mit ‚Sicherheit' kommen würde, und manche bereiteten alles für ihre lieben Angehörigen vor, da sie deren Auferstehung erwarteten."

So einfach wurde es mit der Gefolgschaft gemacht. Wer damals den Schreibern der Wachtturmschriften blindlings vertraute, wird heute als dumm hingestellt. Die Verführer waschen sich die Hände in Unschuld und lassen ihre Opfer in ihrer Enttäuschung allein.

Doch was sagt die Bibel zu solch offensichtlich falschen Propheten? In 5. Mose 18, 20-22 gibt uns Gott einen Maßstab, um „Propheten" – wie sie ja immer wieder auftreten – und deren Ankündigungen zu prüfen:

„Doch wenn ein Prophet vermessen ist zu reden in meinem

Namen, was ich ihm nicht geboten habe zu reden, und wenn einer redet in dem Namen anderer Götter, derselbe Prophet soll sterben. Ob du aber in deinem Herzen sagen würdest: Wie kann ich merken, welches Wort der Herr nicht geredet hat? Wenn der Prophet redet in dem Namen des Herrn, und es wird nichts daraus und es kommt nicht, das ist das Wort, das der Herr nicht geredet hat; der Prophet hat es aus Vermessenheit geredet, darum scheue dich nicht vor ihm."

Wenn sich also die Voraussagen eines Propheten, in diesem Fall einiger Männer an der Spitze der „Neuen-Welt-Gesellschaft", nicht erfüllen, dann ist offensichtlich, daß sie Irrlehrer sind. *„Darum scheue dich nicht vor ihnen"*, lautet der Befehl Gottes. Habe keine Angst, ihnen entgegenzutreten, und decke ihre Lügen schonungslos auf.

Trotz des offenkundigen Fehlers mit den Prophezeiungen für das Jahr 1925 hielten die Schreiber des „Wachtturms" noch viele Jahre an ihrer Hoffnung für eine Auferweckung der Heiligen des Alten Testaments fest.

In der Schrift „Die neue Welt", aus dem Jahre 1942, steht auf Seite 130:

> „Die schriftgemäßen und offenkundigen Geschehnisse beweisen, daß Hiob mit jenen treuen Menschen binnen kurzem auferweckt und mit ihnen auf der Erde erscheinen wird."

Als die für das Jahr 1925 angekündigte Auferstehung der Heiligen des Alten Testaments und deren Rückkehr in das Land Palästina nicht eintraf, rechnete man mit deren Auftreten in Amerika. In Erwartung dieses Ereignisses hat die „Wachtturm-Gesellschaft" im Jahre 1930 in San Diego, Kalifornien, ein Haus erbaut, das als

Wohnstätte für diese Heiligen dienen sollte. Man nannte es „Beth-Sarim", auf deutsch: „Haus der Fürsten". Erst im Jahre 1948 wurde dieses „Fürstenhaus" wieder verkauft, nachdem die erwarteten „Fürsten" aus der Zeit des Alten Testaments nicht kamen.

Auf Grund der Antwort auf die gestellte Frage nach der Zuverlässigkeit der Voraussagen der „Zeugen Jehovas" kann man angesichts der vielen Reinfälle die Gefolgschaft der „Neuen-Welt-Gesellschaft" nur bedauern. Jesus würde über die geistliche Führungsspitze dieser Gesellschaft, die sich anmaßt, „Sprachrohr Gottes" zu sein, sicherlich nur ein Urteil kennen: „Blinde Blindenleiter!"

Frage 13
Gibt es ein Gericht Gottes?

In dem schon mehrfach erwähnten „Paradiesbuch" wird in Kapitel 21 auf Seite 175 kühn behauptet, daß es kein Gericht Gottes geben wird.

„Es gibt keinen Grund, davor Angst zu haben ...
Wir können davon überzeugt sein, daß Christus ein fairer und gerechter Richter sein wird ... Und so wird er, im Gegensatz zur allgemeinen Ansicht, die Menschen nicht aufgrund ihrer vergangenen Sünden richten, die sie so oft in Unwissenheit begingen. Die Bibel erklärt, daß man beim Tod von sämtlicher Sündenschuld, die man auf sich geladen hat, frei wird: „Wer gestorben ist, ist von seiner Sünde freigesprochen" (Römer 6:7).
Das bedeutet, daß die Auferstandenen aufgrund dessen gerichtet werden, was sie während des Gerichtstages tun, und nicht aufgrund dessen, was sie vor ihrem Tod getan haben."

Über solche Zukunftshoffnungen der „Neuen-Welt-Gesellschaft" können sich alle Gottlosen und Atheisten mächtig freuen. Sie werden laut den Voraussagen der „Wachtturm"-Schreiber *nie* für ihre bösen Taten zur Rechenschaft gezogen. Also können sie doch lügen, betrügen, morden, ehebrechen usw. Sie dürfen sich nur von der irdischen Justiz nicht erwischen lassen, dann ist alles gut.

Hier stellt sich aber die Frage: Was machen die Zeugen Jehovas, die sich früher „Ernste Bibelforscher" nannten, mit folgenden Aussagen der Heiligen Schrift?

„So gewiß den Menschen bestimmt ist, einmal zu sterben, danach aber das Gericht" (Hebräer 9, 27).

„Wir müssen alle offenbar werden vor dem Richterstuhl Christi, auf daß ein jeder empfange, nachdem er gehandelt hat zu Lebzeiten, es sei gut oder böse" (2. Korinther 5, 10).

Weiter lesen wir in Römer 2, 5.6:

„Du aber, nach deinem verstockten und unbußfertigen Herzen häufest dir selber den Zorn auf den Tag des Zorns und der Offenbarung des gerechten Gerichts Gottes, welcher geben wird einem jeglichen nach seinen Werken."

Und in Offenbarung 20, 12 steht geschrieben:

„Und ich sah die Toten, beide, groß und klein, stehen vor Gott, und Bücher wurden aufgetan. Und ein anderes Buch wurde aufgetan, welches ist das Buch des Lebens. Und die Toten wurden gerichtet nach der Schrift in den Büchern, nach ihren Werken."

Aus diesen Bibelworten ist doch ganz klar zu erkennen, daß einmal *alle* Menschen für ihr Tun auf Erden vor Gott Rechenschaft ablegen müssen. Dies erkannten schon die Gläubigen zur Zeit des Alten Testaments. Damals versuchte der Verführer ebenfalls die Menschen mit den Worten: „Es gibt kein ewiges Strafgericht, es ist umsonst, daß man Gott dient." So lesen wir in Maleachi 3, 13-21 die göttliche Antwort auf solche Lügen des Teufels:

„Ihr redet hart gegen mich, spricht der HERR. So sprecht ihr: ‚Was reden wir gegen dich?' Damit, daß ihr sagt: ‚Es ist umsonst, daß man Gott dient; und was nützt es, daß wir sein Gebot halten und ein hartes Leben vor dem HERRN Zebaoth führen?' Darum preisen wir die Verächter; denn die Gottlosen nehmen zu; sie versuchen Gott, und alles gelingt ihnen.

Aber die Gottesfürchtigen trösten sich untereinander so:
Der HERR merkt und hört es, und vor ihm ist ein Denk-
zettel geschrieben für die, so den HERRN fürchten und an
seinen Namen denken. Sie sollen, spricht der HERR
Zebaoth, des Tages, den ich machen will, mein Eigentum
sein; und ich will ihrer schonen, wie ein Mann seines
Sohnes schont, der ihm dient. Und ihr sollt dagegen wie-
derum sehen, was für ein Unterschied sei zwischen dem
Gerechten und dem Gottlosen, und zwischen dem, der
Gott dient, und dem, der ihm nicht dient. Denn siehe, es
kommt ein Tag, der brennen soll wie ein Ofen; da werden
alle Verächter und Gottlosen Stroh sein, und der künftige
Tag wird sie anzünden, spricht der HERR Zebaoth, und
wird ihnen weder Wurzel noch Zweige lassen. Euch aber,
die ihr meinen Namen fürchtet, soll aufgehen die Sonne
der Gerechtigkeit und Heil unter ihren Flügeln; und ihr
sollt aus und eingehen und hüpfen wie die Mastkälber. Ihr
werdet die Gottlosen zertreten; denn sie sollen Asche unter
euren Füßen werden des Tages, den ich machen will,
spricht der HERR Zebaoth."

Viele solcher Hinweise in der Heiligen Schrift könnten
noch angeführt werden, um zu beweisen, daß es einmal
ein Gericht Gottes geben wird. Und jeder Mensch wird
nach seinem Tode vor diesem Gericht erscheinen
müssen.
Mit welcher Kühnheit die „Wachtturm"-Schreiber
Gottes Wort verdrehen, ist wirklich erstaunlich. Sie
scheuen sich nicht, als Beweis für ihre Irrlehre noch das
Wort aus Römer 6, 7 zu zitieren. Mit diesem Wort in
Römer 6 erklärt der Apostel Paulus, daß die biblische
Taufe ein Begrabensein mit Jesus in Seinen Tod bedeutet. Bevor nun aber ein Täufling in das Wassergrab der

Taufe steigt, muß er vorher seine Sünden *erkannt,* *bekannt* und *Vergebung* im Blute Jesus Christus *erlangt* haben. Diese Hingabe an Jesus Christus bezeichnet Paulus als „für die Sünde gestorben sein". Wer auf solche Weise für die Sünde und die Welt gestorben ist, der ist gerechtfertigt von der Sünde und wird nicht mehr ins Gericht Gottes kommen.

Wer jedoch denkt, diesen Weg des Heils nicht beschreiten zu müssen, wird eines Tages mit Sicherheit vor Gottes Gericht erscheinen. Dazu gehören garantiert auch die Vertreter der „Neuen-Welt-Gesellschaft", die offensichtlich von der „Alten Schlange" verführt werden. Schon damals im Paradies kam der Teufel und hat unseren Stammeltern eingeflüstert: „Es ist nicht so schlimm, wie Gott es sagt. Gott meint es anders. Sein Wort ist nicht wörtlich zu nehmen, sondern man muß es geistlich verstehen. Gott wird euch nicht strafen, ihr könnt ruhig Seine Gebote übertreten!"

Die Folgen dieses Ungehorsams gegenüber Gottes klarem Wort sind bis heute nicht ausgeräumt. Noch immer leidet die Menschheit unter dem Fluch dieser Rebellion gegen Gott. Wie furchtbar wird einmal das Erwachen derer sein, die heute so leben, als würden sie sich nie vor Gott für ihr Tun verantworten müssen.

„Denn schrecklich wird es sein, in die Hände des lebendigen Gottes zu fallen", sagt uns Hebräer 10, 31.

Wer dies nicht will, hat jetzt Gelegenheit zur persönlichen Umkehr zu Gott. Jesus kann uns durch Seinen Opfertod auf Golgatha vom Gericht befreien.

In Johannes 3, 18.36 zeigt Er uns den Weg zur ewigen Errettung: *„Wer an ihn glaubt, der wird nicht gerichtet; wer aber nicht glaubt, der ist schon gerichtet, denn er glaubt nicht an den Namen des eingeborenen Sohnes*

Gottes ... Wer an den Sohn glaubt, der hat das ewige Leben. Wer aber dem Sohn nicht gehorsam ist, der wird das Leben nicht sehen, sondern der Zorn Gottes bleibt über ihm."

Wird es einmal einen neuen Himmel und eine neue Erde geben?

In Offenbarung 21, 1 lesen wir: *„Und ich sah einen neuen Himmel und eine neue Erde; denn der erste Himmel und die erste Erde sind vergangen, und das Meer ist nicht mehr."*

Gott wird nach dem großen Gerichtstag, wie in Offenbarung 20, 11-15 beschrieben, einen *neuen* Himmel und eine *neue* Erde schaffen. Diese gegenwärtige, von der Sünde verdorbene Welt wird vergehen. Dies sagte auch unser Herr Jesus voraus: *„Himmel und Erde werden vergehen, aber meine Worte werden nicht vergehen"* (Matthäus 24, 35).

Auf diese *neue* Erde wird dann auch das *neue* Jerusalem herniederkommen, so wie wir es in Offenbarung 21, 2 nachlesen können. Von der Schönheit und Pracht dieser Stadt Gottes war schon Abraham im Lande Ur so beeindruckt, daß er bereit war, seine Heimat zu verlassen, um einmal in die Stadt einzuziehen, deren Baumeister und Schöpfer Gott ist (Hebräer 11, 8-10).

Über die Größe dieser Stadt berichtet uns Offenbarung 21, 16: *„Und die Stadt bildet ein Viereck, und ihre Länge ist so groß wie ihre Breite. Und er maß die Stadt mit dem Rohr, auf zwölftausend Stadien; die Länge und die Breite und die Höhe derselben sind gleich."*

Zwölftausend Stadien ist die Stadt lang, breit und hoch. Eine Stadie ist ca. 185 Meter. 12 000 mal 185 Meter sind 2 220 000 Meter oder 2 220 Kilometer. Wie die Bibel schreibt, ist diese Stadt Gottes demnach über

2 000 Kilometer lang, breit und ebenso hoch. Die Fläche dieser Stadt würde somit ganz Westeuropa bedecken. Mit der Höhe von über 2 000 Kilometern und Mauern, die ca. 65 Meter dick sind (Vers 17), übertrifft sie alle menschliche Vorstellung. Diese Stadt, von Gott selbst aus reinem Gold und Edelsteinen gebaut, wird auf die neue Erde herabkommen und durch die Herrlichkeit Gottes selbst erleuchtet (Vers 23). Eine Prachtentfaltung, die sich kein menschliches Gehirn ausmalen kann. Doch weil Gottes Wort es uns verspricht, wird es auch genauso kommen.

Nun ist interessant, was die Lehrer der „Neuen-Welt-Gesellschaft" dazu sagen. Laut ihrem „Paradiesbuch", Seite 126, Abschnitt 18 und 20, können die Männer dieser angeblichen „Rettungsgesellschaft" mit diesen Aussagen der Heiligen Schrift nicht viel anfangen. Nach ihrer Theorie sind die 144 000 aus der Offenbarung „Braut und Weib des Lammes, Leib des Christus, der Tempel Gottes, das Israel Gottes, das neue Jerusalem" und auch die „neuen Himmel". Man kann nur staunen, wie hier verschiedene biblische Begriffe vermischt werden.

Die 144 000, die nach der Lehre der Zeugen Jehovas allein in den Himmel kommen sollen – siehe dazu Antwort auf Frage 6 –, sind nach Ansicht der „Wachtturm"-Schreiber zum Beispiel auch gleichzeitig der „Tempel Gottes". Nach Offenbarung 7, 15 sind diese 144 000 aber zusammen mit der großen Volksmenge *im* Tempel Gottes und dienen Ihm in diesem Tempel Tag und Nacht. Wenn diese 144 000 laut Gottes Wort im Tempel Gottes dienen, können sie doch unmöglich selbst „der Tempel Gottes" sein.

Apostel Petrus schreibt uns in seinem 2. Brief, Kapitel 3, Vers 13: *„Wir warten aber eines neuen Himmels und einer neuen Erde nach seiner Verheißung, in welchen Gerechtigkeit wohnt."*

Wenn es nach der Meinung der „Neuen-Welt-Gesellschaft" geht, ist die „neue Erde" die Gruppe Menschen, die *nicht* in den Himmel kommen, sondern die auf der Erde weiterleben; ebenso sind die „neuen Himmel" angeblich die 144000 Personen, die die himmlische Regierung bilden. So nachzulesen im „Paradiesbuch" auf Seite 126, Abschnitt 19 und 20:

> „Diese Herrscher im Himmel werden die ‚neuen Himmel' des neuen Systems Gottes bilden. Doch wenn es solche gerechten Herrscher für die Erde geben soll, dann muß es auch Menschen geben, über die sie regieren. Die Bibel bezeichnet diese Personen als die ‚neue Erde'. Dazu werden auch Hiob, David und Johannes der Täufer gehören – ja alle Treuen, die vor Christus auf der Erde lebten. Doch es wird noch viel mehr Menschen geben, die die ‚neue Erde' bilden werden, unter anderem auch Personen, die das Ende des gegenwärtigen bösen Systems der Dinge überleben."

Man lese und staune! Hiob, David und Johannes der Täufer sind nach den Erkenntnissen der Wachtturmschreiber nicht in den Himmel gekommen. Sie werden laut deren Schriften erst in der Zukunft einmal auferweckt und dann einen Teil der „neuen Erde" bilden. Entsprechend dem eben angeführten Zitat käme dann zum Beispiel der große König David, der Mann nach dem Herzen Gottes, unter die Regentschaft der 144000 Personen im Himmel. Laut der Lehre des Wachtturms sind diese 144000 die „kleine Herde" bzw. die „himmlische Klasse". Zu dieser „himmlischen Klasse" dürfen sich natürlich nur die Spitzenleute der Zeugen Jehovas zählen, zum Beispiel die leitenden Männer in New York und andere Führungskräfte der „Neuen-Welt-Gesellschaft". Bildlich ausgesprochen würde das bedeuten, daß eventuell irgendein leitender Zeuge Jehovas unserer Tage einmal vom Himmel her über Männer Gottes wie David, Hiob und Johannes den Täufer, die auf der Erde leben sollen, herrscht!

Wenn wir auch vieles mit unserem begrenzten Verstand nicht verstehen und erklären können, so dürfen wir doch glaubensvoll in die Zukunft blicken und wissen, daß Gott kommen läßt, was Er verspricht.

„Der Herr verzieht nicht die Verheißung, wie es etliche für einen Verzug halten; sondern er hat Geduld mit uns und will nicht, daß jemand verloren gehe, sondern daß jedermann Raum zur Buße habe" (2. Petrus 3, 9).

Wenn nun in der Bibel wiederholt von einem neuen Himmel und einer neuen Erde die Rede ist, dann wird Gott dies auch schaffen. Allerdings sind die *neue* Erde und der *neue* Himmel nicht für alle „guten Menschen", wie das „Paradiesbuch" im 14. Kapitel formuliert, sondern nur für Menschen geschaffen, die eine klare geistliche Wiedergeburt erlebt haben. Denn *„niemand ist gut, nur Gott allein",* lehrt uns Jesus in Matthäus 19, 17. Deshalb kommen „gute Menschen" nicht in den Himmel, weil es in Wahrheit gar keine gibt.

In jenem berühmten Nachtgespräch mit dem jüdischen Theologen Nikodemus gibt Jesus eindeutig Auskunft, wie sündige Menschen in das Himmelreich kommen können. Voraussetzung ist eine klare Erkenntnis der eigenen Schuld und Verlorenheit vor Gott. Wer in diesem Zustand zu Jesus kommt und um Vergebung von aller Sünde bittet, wird mit dem Blut Jesu gereinigt und empfängt durch den Heiligen Geist neues Leben aus Gott.

Wie kann ich ewiges Leben bekommen?

Auf diese so viele Menschen bewegende Frage gibt das „Paradiesbuch" auf Seite 255 in Abschnitt 14 folgende Antwort:

> „Und es wird nur eine Organisation – die sichtbare Organisation Gottes – geben, die die schnell herannahende ‚große Drangsal' überleben wird. ... Wenn du mit ewigem Leben gesegnet werden möchtest, mußt du zu Jehovas Organisation gehören und seinen Willen tun."

So einfach geht das also nach der Lehre der „Neuen-Welt-Gesellschaft"; man muß nur Mitglied in ihrer Organisation werden, und schon bekommt man ewiges Leben!

Was das „Paradiesbuch" unter dem Wort „... und seinen Willen tun" versteht, werden wir gleich noch sehen. Es geht in Wahrheit nicht um den Willen Gottes nach der Heiligen Schrift, sondern um den Willen der Leitung der „Neuen-Welt-Gesellschaft".

An der Spitze dieser „Theokratischen Organisation", wie sie sich oft nennt, steht die „leitende Körperschaft". Darüber schreibt das „Paradiesbuch" auf Seite 195, Abschnitt 13:

> „In der Zentrale der Zeugen Jehovas in New York befindet sich eine leitende Körperschaft christlicher älterer Männer aus verschiedenen Teilen der Erde, die die weltweite Tätigkeit des Volkes Gottes beauf-

sichtigt. Diese leitende Körperschaft setzt sich aus Gliedern des ,treuen und verständigen Sklaven' zusammen. Sie dient als das Sprachrohr dieses treuen ,Sklaven'." (Siehe Frage 16).

Die „Körperschaft christlicher älterer Männer" ist verantwortlich für alle Aussprüche in den verschiedenen Büchern und Zeitschriften der „Wachtturm-Bibel-und-Traktat-Gesellschaft", wie der offizielle Name des Verlags lautet.
Als Sprachrohr des „treuen und verständigen Sklaven" beanspruchen sie, daß sie allein die Bibel richtig auslegen können.
So wurde im Wachtturm vom 15. Mai 1981 auf Seite 19 folgendes behauptet:
> „Es besteht kein Zweifel, daß wir alle zum Verständnis der Bibel Hilfe brauchen. Wir können die notwendige biblische Anleitung nicht außerhalb der Organisation des ,treuen und verständigen Sklaven' finden."

Also nur wer unter der Anleitung des „treuen Sklaven", d.h. unter Anleitung der „Herren in New York" die Bibel liest, kommt zur richtigen Erkenntnis. Dies ist doch nichts anderes als geistlicher Hochmut!
Nachfolgende Zitate beweisen den absoluten Herrschaftsanspruch der Führungsmannschaft der „Neuen-Welt-Gesellschaft". Da ist nichts von einem treuen, demütigen Sklaven Jesu Christi zu erkennen. Es zeigt sich vielmehr deutlich, welchem Geist der Irreführung die Schreiber der Zeugen Jehovas verfallen sind.
In der Ausgabe des „Wachtturms" vom 1. August 1956 kann man auf Seite 474 folgendes nachlesen:
> „Das Wort des ,Sklaven', der ,Organisation', steht

mit dem Wort Gottes auf einer Stufe, hat gleichen Rang und gleiche Wertigkeit und fordert gleiche Verbindlichkeit. ... Daher ist der Wille des Sklaven der Wille Jehovas. Rebellion gegen den Sklaven ist Rebellion gegen Gott!"

Hier werden also die Zeitschriften und Bücher der „Neuen-Welt-Gesellschaft" auf eine Stufe mit dem Heiligen Wort Gottes gestellt. Für die Wachtturm-Produkte wird der gleiche Gehorsam verlangt wie für die Bibel. Wer sich den Anordnungen der Leitenden in Amerika widersetzt, wird als Rebell gegen Gott abgestempelt.

Wenn nun jemand denkt, dieses eben angeführte Zitat sei ein einmaliger Ausrutscher in den Schriften der Zeugen Jehovas, dem sollen weitere Auszüge aus verschiedenen Publikationen der „Neuen-Welt-Gesellschaft" als Beweis für deren antichristliche Inspiration dienen.

Im Buch „Zum Predigtdienst befähigt", Ausgabe 1957, steht auf Seite 156:

„Wenn wir Jehova und die Organisation seines Volkes lieben, werden wir nicht mißtrauisch sein, sondern werden, *wie die Bibel sagt, ‚alles glauben', nämlich alles, was der Wachtturm darreicht,* weil er uns treulich Erkenntnis über Gottes Vorhaben geschenkt und uns von der Zeit an, da er das erste Mal erschien, bis heute auf den Weg des Friedens, der Sicherheit und der Wahrheit geführt hat."

Im Jahre 1960 behauptete die „Wachtturm-Gesellschaft" in dem Buch „Jehovas Zeugen in Gottes Vorhaben" auf Seite 148, daß „die Gesellschaft der sichtbare Vertreter des Herrn auf Erden ist".

Mit solchen, in Wahrheit gotteslästerlichen Ansprüchen und Forderungen an die Anhängerschaft wird deren totale Unterwerfung erreicht. Der selbsternannte „treue und verständige Sklave" entpuppt sich als der größte Sklavenhalter. Der Gefolgschaft des „Wachtturms" wird ständig Furcht eingejagt, sie würden gegen Gott rebellieren, wenn sie nicht widerspruchslos alles befolgen, was die Führungsspitze vorschreibt. Hier kommen Menschen nicht aus der Gebundenheit der Sünde heraus, sondern werden zu Sklaven der „Neuen-Welt-Gesellschaft".

Ein weiteres Zitat soll genügen, um zu zeigen, von welchem Geist diese „leitende Körperschaft" geführt wird. Es ist niemals der Heilige Geist, sondern der Fürst der Finsternis, der die Organisatoren der „Neuen-Welt-Gesellschaft" verblendet hat.
Unter der Überschrift „Sie werden wissen, daß ein Prophet unter ihnen gewesen ist", erschien im „Wachtturm" am 1. Juli 1972 auf Seite 389 folgende Behauptung:

„Hat Jehova ... einen Propheten, der ihnen (den Menschen) hilft, der sie vor Gefahren warnt und der Künftiges verkündet? ... Diese Fragen können bejaht werden. Wer ist dieser Prophet? ... Dieser „Prophet" war kein einzelner Mensch, sondern eine Körperschaft von Männern und Frauen. Es war die kleine Gruppe der Fußstapfennachfolger Jesu Christi, die damals als Internationale Bibelforscher bekannt waren. Heute sind sie als christliche Zeugen Jehovas bekannt."

Die „Wachtturmgesellschaft" ist also der Prophet

unserer Zeit! Nach den vielen nicht erfüllten Voraussagen (siehe dazu Antwort auf Frage 12) ist leicht
festzustellen, welcher Art dieser Prophet ist, ob ein
echter oder ein *falscher*. Daß dieser „Prophet" bzw.
diese Organisation den Menschen kein Heil und keine
Rettung geben kann, müßte doch verständlich sein.
Hier haben wir es mit einem *falschen* Propheten, mit
einem Lügengeist aus dem Abgrund zu tun, der
massenweise unschuldige Menschen verführt.

Gott in Seiner grenzenlosen Liebe zu uns Menschen hat
uns keine Kirche oder Organisation, auch keinen falschen Propheten geschickt, sondern Seinen Sohn Jesus
Christus. In Johannes 3, 16.17 sagt uns Jesus: *„Denn
Gott hat die Welt so geliebt, daß er seinen eingeborenen
Sohn gab, damit jeder, der an ihn glaubt, nicht verloren
gehe, sondern ewiges Leben habe. Denn Gott hat seinen
Sohn nicht in die Welt gesandt, daß er die Welt richte,
sondern daß die Welt durch ihn gerettet werde."*

Daß zur Zeit des Mittelalters sich Menschen durch
religiöse Betrüger in die Irre führen ließen, ist noch
einigermaßen verständlich. Heute aber kann sich doch
jeder Mensch selber informieren und erkennen, was
Wahrheit ist. Wenn aber auch in unserer sonst so
aufgeklärten Zeit unzählige Menschen in der ganzen
Welt sich durch die Lehren der „Neuen-Welt-Gesellschaft" verblenden lassen, können wir nur eines feststellen: Hier ist Satan, der Erzbetrüger und Verführer,
am Werk! Er allein hat ein Interesse, Gottes Wort zu
verfälschen und die Bibel durch weitere „Zutaten" zu
ergänzen. Wenn, wie im vorliegenden Abschnitt zitiert,
die Zeugen Jehovas ihre Produkte auf eine Stufe mit
dem Wort Gottes, als gleichrangig und gleichwertig,

stellen und für sie die gleiche Verbindlichkeit wie für Gottes Wort verlangen, tun sie etwas zu dem Worte Gottes hinzu. Davor aber warnt uns die Bibel entschieden. *„Tue nichts zu seinen Worten hinzu, daß er dich nicht strafe, und du als Lügner dastehst"* (Sprüche 30, 6).

Nach dem klaren Wort der Heiligen Schrift kann die Mitgliedschaft in einer Kirche, Religionsgemeinschaft oder in der „Theokratischen Organisation" der Zeugen Jehovas *niemals* den Menschen ewiges Leben geben. Nur eine enge Lebens- und Liebesgemeinschaft mit Jesus Christus und dem Himmlischen Vater sichert uns das Himmelreich.

Demgegenüber warnt uns Gottes Wort vor falschen Propheten und davor, auf ihre Trügereien zu hören: *„Lügen prophezeien diese Propheten in meinem Namen; ich habe sie nicht gesandt, ihnen nichts befohlen und nichts zu ihnen geredet; Lügengesichte und Wahrsagerei, Hirngespinste und Einbildungen ihres eigenen Herzens predigen sie euch. Darum so spricht der HERR gegen die Propheten, die in meinem Namen weissagen: ... durch Schwert und Hungersnot sollen die Propheten ausgerottet werden ..."* (Jeremia 14, 14.15).

Wer ist der „treue und verständige Sklave"?

In fast allen Publikationen der „Neuen-Welt-Gesell-schaft" ist von einem „treuen und verständigen Skla-ven" die Rede. Dieser „Sklave" soll angeblich von Gott eingesetzt sein, um den Menschen „geistige Speise" auszuteilen. So kann man im „Paradiesbuch", Kapitel 23, Abschnitt 8, folgendes nachlesen:

> „Als Jesus von seiner Gegenwart in Königreichs-macht sprach, sagte er: ,Wer ist in Wirklichkeit der treue und verständige Sklave, den sein Herr über seine Hausknechte gesetzt hat, um ihnen ihre Speise zur rechten Zeit zu geben? Glücklich ist jener Skla-ve, wenn ihn sein Herr bei seiner Ankunft so tuend findet. Wahrlich, ich sage euch: Er wird ihn über seine ganze Habe setzen' (Matthäus 24, 45-47). Fand Jesus, als er im Jahre 1914 in Königreichs-macht wiederkam, eine Klasse des ,treuen und ver-ständigen Sklaven' vor, die geistige ,Speise' oder Information austeilte? Ja, er fand einen solchen ,Sklaven'. Er bestand aus denjenigen, die von seinen 144000 ,Brüdern' auf der Erde übriggeblieben waren (Offenbarung 12:10; 14:1,3). Und seit 1914 haben Millionen von Menschen die vom ,Sklaven' dargereichte ,Speise' angenommen und haben begonnen, zusammen mit ihm die wahre Religion auszuüben. Diese Organisation der Diener Gottes ist unter dem Namen ,Jehovas Zeugen' bekannt."

Wie aus der Antwort zur vorherigen Frage zu entnehmen ist, setzt sich die oberste Aufsichtsbehörde dieser „Organisation der Diener Gottes", mit Sitz in Brooklyn, New York, aus den „älteren Männern" zusammen. Die deutsche Niederlassung ist in Selters/Taunus.

Diese „älteren Männer" verstehen sich als der Mitteilungskanal Gottes für die heutige Menschheit. Diesem Kanal gilt es nun zu folgen wie der Stimme Gottes selbst. So stand es im „Wachtturm" vom 15. August 1957 auf Seite 498:

> „Jehova hat einen ganz bestimmten Mitteilungskanal geschaffen, durch den er mit seinem Volke verkehrt. ... Laßt uns nun den Mitteilungskanal unmißverständlich erkennen, dessen sich Jehova in unseren Tagen bedient, *damit* wir in seiner Gunst bleiben mögen. Besonders seit dem Jahre 1919 hat er die kollektive Körperschaft des gesalbten Überrests über all die sichtbaren Interessen des Königreichs gesetzt ... Es ist höchst wichtig, daß wir diese Tatsache verstehen und den Anweisungen des ‚Sklaven' *so folgen*, wie wir der Stimme *Gottes* folgen würden, weil es Gottes Vorkehrung ist."

Während heutzutage die Führungsriege in New York als der „treue und verständige Sklave" ausgegeben wird, war es in den Anfangszeiten der „Zeugen Jehovas", als sie sich noch „Internationale Vereinigung der Bibelforscher" nannten, ihr erster Führer, *Charles Taze Russell*, der sich mit diesen und anderen Titeln verehren ließ. So wurde er in dem Buch „Das vollendete Geheimnis" auf Seite 5 und 8 als „Sendbote für die Kirche von Laodizäa" und als „der treue und kluge Knecht des Herrn" dargestellt. Auf Seite 528 desselben Buches gab man Russell als den „größten Diener der Kirche seit den

Tagen des Apostels Paulus" aus. In der Ausgabe des „Wachtturms" vom Juni 1922, auf Seite 88, wurde der Leser mit folgender Neuigkeit informiert:

„Unbestreitbare Tatsachen beweisen ... daß die „Zeit des Endes" im Jahre 1799 begann, daß des Herrn zweite Gegenwart 1874 begann, und daß die Ernte darauf folgte und helleres Licht auf das Wort Gottes fiel. In Verbindung hiermit laßt uns auf die Worte Jesu merken: ‚Wer ist nun der treue und kluge Knecht, den sein Herr über sein Gesinde gesetzt hat ...?' Es muß also zugegeben werden, daß am Ende der Welt, zur ‚Zeit des Endes', während der Gegenwart des Herrn, während der Ernte, der Herr auf Erden einen treuen und weisen Knecht haben würde. Die Tatsachen beweisen, daß Bruder Russell alle diese Bedingungen erfüllte. ... daß Bruder Russell seinen Dienst als weiser und getreuer Knecht erfüllte."

Noch im Jahre 1923, sieben Jahre nach dem Tod von Russell, konnte sich der aufmerksame Wachtturmleser auf Seite 140 vergewissern, daß die oben angeführten „Tatsachen", daß Russell der „treue und kluge Knecht des Herrn" gewesen sei, in den Rang der Glaubensnotwendigkeit erhoben wurde.

„Manche gibt es, welche mit lauter Stimme in Abrede stellen, daß diese Worte des Herrn (gemeint ist Lukas 12, 43 ff.), in irgendeinem Menschen eine Erfüllung finden können; diejenigen aber, welche die gegenwärtige Wahrheit gesehen, sich zu ihr bekannt und sie gelehrt haben, haben höchst zuversichtlich geglaubt, daß unser hingeschiedener, geliebter Führer, Bruder Russell, diese Stellung als

Verwalter innehatte. Hierzu bekennen wir uns mit höchster Gewißheit, sowohl in bezug auf die Tatsache als auch auf die Notwendigkeit des Glaubens."

Inzwischen übertrug die Führung der „Wachtturm-Gesellschaft" diesen Titel des „treuen und klugen Knechts" auf sich selbst. Einziger Unterschied ist, daß sie sich nicht mehr „Knecht", sondern „Sklave" nennt. Wie wir schon bei der Antwort auf Frage 15 gesehen haben, beansprucht der „Sklave" von seiner Gefolgschaft absoluten Gehorsam. Wer sich seinen Ansprüchen und Aussprüchen nicht unterstellt und gleichschaltet, der wird *ausgeschaltet*, d. h., ihm wird die Gemeinschaft der Zeugen Jehovas entzogen. An der Autorität der „leitenden Körperschaft", des „treuen und verständigen Sklaven", zu rütteln, ist für einen Zeugen Jehova eine der schlimmsten Sünden, die er begehen könnte.

Wer ist nun mit dem „treuen Knecht" oder „Sklaven" gemeint, von dem Jesus in den Evangelien redet?
Zunächst einmal dürfen wir wissen, daß Jesus in dem 24. Kapitel des Matthäus-Evangeliums, noch vor Seinem Opfergang nach Golgatha, über zukünftige, weltweite Ereignisse spricht. Es geht Ihm vor allem um Sein zweites Kommen in diese Welt. Über den Zeitpunkt Seiner Rückkehr läßt Er aber Seine Freunde im Ungewissen.
„Es gebührt euch nicht, Zeit und Stunde zu wissen ..." (Apostelgeschichte. 1, 7).
Es kommt unserem Herrn aber darauf an, daß Seine Freunde *allezeit* für Ihn bereit sind.
In Seiner reichen Bildersprache vergleicht Er sich mit

einem Gutsbesitzer, der für einige Zeit verreisen wird und seinen ganzen Besitz einem Verwalter anvertraut. Da dieser Verwalter nicht genau weiß, *wann* der Hausherr zurückkommt, wird er als treuer Diener seines Herrn bemüht sein, den Hof und Besitz *alle* Tage in Ordnung zu halten.

Ein untreuer Knecht oder Verwalter aber wird sagen: „Der Herr kommt noch lange nicht, laßt uns Feste feiern, das Gut verprassen und faulenzen." Doch wenn dann der Besitzer überraschend kommt, gibt es ein großes Debakel. Der untreue Knecht wird auf der Stelle entlassen und für seine betrügerischen Geschäfte bestraft. Ein treuer Diener dagegen wird belohnt und noch mehr Verantwortung übertragen bekommen.

Unser Herr Jesus hat nur *einen* Wunsch, wenn Er zurückkommt: daß *alle* Seine Blutserkauften treu erfunden werden. Dies kommt in mehreren Aussagen Jesu und auch der Apostel zum Ausdruck. Seine Diener sind nur Verwalter oder Haushalter über Gottes Geheimnisse und sollen treu ihre Aufgaben erfüllen. (1. Korinther 4, 1.2). Dies allein ist der Sinn des Gleichnisses vom treuen und klugen Haushalter in Matthäus 24, 45-51 und Lukas 12, 40-48.

Nie und nimmer hat Jesus hier vom Auftreten eines C. T. Russel als „Sprachrohr Gottes" und als „Mundstück Jesu" (alles Titel, die dieser Herr damals bekam) oder einer Führungsmannschaft „älterer Männer" in Amerika gesprochen. Unser Herr sprach schon gar nicht davon, daß diese Leute sich als „Aufseher über Gottes Volk" aufspielen dürften.

Der „Mitteilungskanal Jehovas" mit Sitz in New York hat niemals etwas mit einem „treuen Knecht" Jesu zu tun. Dies beweist allein schon die Tatsache der vielen

Fehlinterpretationen des Wortes Gottes. Zuerst war mit höchster Glaubensgewißheit C. T. Russell „der treue Knecht", inzwischen soll es die ganze Führungsmannschaft in der Zentrale der Zeugen Jehovas sein. Der erste angeblich „treue Knecht des Herrn", Russell, schrieb noch vom Jahre 1874 als vom Beginn der Gegenwart des Herrn, während die momentan regierenden „älteren Männer" vom Jahre 1914 reden. Wer so seine Anhängerschaft verwirrt, kann niemals den Anspruch erheben, ein „treuer und verständiger Sklave des Herrn" zu sein. Er gleicht vielmehr einem „untreuen Knecht", der seine Untergebenen mit allerlei Verführungen, Drohungen und Falschaussagen vom Segen des Herrn ausschließt.

Wie wird dieser „Knecht" einmal vor dem bald in großer Kraft und Herrlichkeit wiederkommenden Herrn Jesus bestehen?

Frage 17

Welches ist der höchste Name?

Im Gespräch mit Anhängern der „Neuen-Welt-Gesell-schaft" bestehen diese immer wieder auf den Gebrauch des angeblichen Gottesnamen „Jehova". Wer diesen Namen nicht nennt, ist für sie kein echter Christ. Die folgende Betrachtung soll zur Klärung dieser Frage beitragen.

Zunächst lesen wir in dem Bericht über die Berufung Moses in 2. Mose 3, 13-15, wie Gott sich selber vor-stellt.

„Mose sprach zu Gott: Siehe, wenn ich zu den Israeliten komme und spreche zu ihnen: Der Gott eurer Väter hat mich zu euch gesandt! und sie mir sagen werden: Wie ist sein Name?, was soll ich ihnen sagen? Gott sprach zu Mose: Ich werde sein, der ich sein werde. Und sprach: So sollst du zu den Israeliten sagen: „Ich werde sein", der hat mich zu euch gesandt.

Und Gott sprach weiter zu Mose: So sollst du zu den Israeliten sagen: Der HERR, der Gott eurer Väter, der Gott Abrahams, der Gott Isaaks, der Gott Jakobs, hat mich zu euch gesandt. Das ist mein Name auf ewig, mit dem man mich anrufen soll von Geschlecht zu Geschlecht. "

An dieser Stelle des Wortes HERR stehen im hebräi-schen Originaltext die Buchstaben JHWH.

Somit müßte dieser Vers 15 aus 2. Mose 3 folgender-maßen lauten:

„Und Gott sprach weiter zu Mose: So sollst du zu den Israeliten sagen: JHWH, der Gott eurer Väter ... hat mich zu euch gesandt. Das ist mein Name auf ewig ... "

Da man diese vier Buchstaben JHWH ohne Gebrauch von Vokalen nicht verständlich aussprechen kann, wurden sie in späterer Zeit oft mit „Jehova" oder auch mit „Jahwe" wiedergegeben. Luther übersetzte diese vier Buchstaben JHWH mit HERR und konnte sich dabei auf die griechische Übersetzung des Alten Testaments, die *Septuaginta*, berufen.

Vor der Herausgabe ihrer eigenen „Neuen-Welt-Über setzung der Heiligen Schrift" gebrauchten die Zeugen Jehovas über Jahre hinweg die „Elberfelder Bibel", die für ihre möglichst wortgetreue Übersetzung bekannt ist. In der 1975 herausgegebenen „Revidierten Elber-felder Übersetzung" des Alten Testaments steht eine aufschlußreiche Erklärung über den Namen Gottes:

"Die Israeliten haben nie ,Jehova' gesagt, sondern wahrscheinlich ,Jahwe'. Später wagte man nicht mehr, den heiligen Gottesnamen auszusprechen und sagte statt dessen ,Adonaj' (=Herr).

Damit man beim Vorlesen aus der Bibel daran erinnert wurde, ,Adonaj' zu lesen und nicht versehentlich ,Jahwe', setzten die Juden in ihren Bibelhandschriften zu den Konsonanten des Namens ,Jahwe' (JHWH) die Vokale des Wortes ,Adonaj' (eoa, wobei das Zeichen für e auch für a stehen kann), so daß Nichteingeweihte daraus ,Jehova' lesen mußten. Daraus ergibt sich folge-richtig, daß ,Jehova' kein Name ist und man ihn deshalb auch in unserer Sprache nicht so schreiben und ausspre-chen sollte. Bei der Revision wurde daher ,Jehova' durch ,HERR' ersetzt, und zwar mit Großschreibung aller Buchstaben, damit der Leser erkennen kann, daß an dieser Stelle im Grundtext die Buchstaben JHWH stehen. Daß die Entscheidung für ,HERR' und nicht für ,Jahwe' getroffen wurde, hat vor allem zwei Gründe:

1. Daß der Gottesname JHWH ‚Jahwe' ausgesprochen wurde, ist zwar wahrscheinlich, aber nicht sicher. Nach anderen Wissenschaftlern lautete die Aussprache ‚Jahwo'. Eine nur indirekt erschlossene Namensform, mag auch sonst vieles für sie sprechen, reicht aber zur Wiedergabe des Namens Gottes nicht aus.

2. Schon in der griechischen Übersetzung des Alten Testaments, der Septuaginta, gab man JHWH mit ‚Kyrios' (=Herr) wieder. Und auch im Neuen Testament steht dort, wo Schriftstellen aus dem Alten Testament zitiert werden, ‚Herr' anstelle von JHWH. Unser Herr Jesus Christus und seine Apostel haben weder ‚Jehova' noch ‚Jahwe' gesagt, sondern ‚Herr'.“

Diesen schwierigen Umstand der richtigen Aussprache der vier hebräischen Buchstaben ‚JHWH' gibt auch die „Neue-Welt-Gesellschaft" in ihrem „Paradiesbuch" auf Seite 43 in Abschnitt 23 zu:

„Ähnlich verhält es sich mit dem Namen Gottes. Es ist nicht genau bekannt, wie er ausgesprochen wurde, wenn auch einige Gelehrte denken, ‚Jahwe' sei korrekt.“

Wenn uns also die *genaue* Aussprache der vier hebräischen Buchstaben JHWH nicht bekannt ist, sollten wir schon gar nicht den Versuch machen, uns um die wahre Bedeutung zu streiten. Viel wichtiger ist für uns, die wir in der Zeit *nach Golgatha* leben, auf *das* zu hören, was uns Gottes Wort im Neuen Testament sagt. Da lesen wir zunächst, wie der Engel Gabriel zu Maria kam und ihr die Geburt ihres Sohnes ankündigte, dem sie den Namen JESUS geben sollte (Lukas 1, 26-35). Kurze Zeit später erschien ein Engel des Herrn dem Joseph im

Traum und befahl ihm, Maria, seine Verlobte, zu sich zu nehmen, denn sie würde einen Sohn vom Heiligen Geist bekommen. Auch hier gab der Engel des Herrn ausdrücklich die Anweisung, diesem Sohn den Namen JESUS zu geben (Matthäus 1, 18-21).

Dieser Name JESUS ist also nicht von Menschen erdacht, sondern wurde uns direkt von Gott im Himmel gegeben. JESUS ist die griechische Form des hebräischen Namens JESCHUA. Jeschua wiederum ist die gekürzte Wiedergabe des Namens Jehoschua. So hieß einst der Mann, der das Volk Israel ins Land Kanaan führte, bei uns bekannt unter dem Namen Josua.

Der hebräische Name Jeschua bedeutet „JHWH ist Heil (Hilfe, Rettung)". Da JESUS die griechische Form des hebräischen Namens Joschua ist, kommt beim Anrufen des Namens JESUS auch die Bedeutung von JHWH zum Ausdruck. Diesen Zusammenhang des Namens JESUS mit dem hebräischen JHWH kannte auch der Apostel Petrus, als er vor den jüdischen Gelehrten stand und erklärte: *„Und in keinem andern ist das HEIL, auch ist kein andrer Name unter dem Himmel den Menschen gegeben, durch den wir sollen selig werden"* (Apostelgeschichte 4, 12).

Dabei redete Petrus nur von dem Namen JESUS, wie aus Apostelgeschichte 4, 10 deutlich zu erkennen ist. Ebenfalls kannte Paulus den wahren Inhalt des Namens JESUS „JHWH ist Heil (Hilfe, Rettung)", als er im Römerbrief im 10. Kapitel, Vers 13, schrieb: *„Wer den Namen des Herrn anrufen wird, soll gerettet werden!"*

In der Zeit nach Jesu Tod, Auferstehung und Himmelfahrt gab es für die Apostel keinen anderen Namen unter dem Himmel zur Rettung für uns Menschen als den Namen JESUS.

Nicht in dem hebräischen Namen JHWH, sondern in dem Namen JESUS taten die Apostel Zeichen und Wunder. *„Im Namen Jesu Christi von Nazareth"* heilte Petrus den Lahmen vor der Tür des Tempels. Er bekannte, daß „der Glaube an den Namen Jesu" den Kranken aufrichtete (Apostelgeschichte 3,6.16). JESUS war der Name voller Kraft und Macht, vor dem der Teufel weichen mußte. Lesen Sie dazu Apostelgeschichte 16, 18.

Der junge Saulus von Tarsus, der ein übereifriger Diener der Religion seiner Väter war, begegnete auf dem Weg nach Damaskus dem auferstandenen Jesus und wurde beauftragt, als Apostel Paulus den Namen JESUS bis vor die Könige dieser Erde zu tragen (Apostelgeschichte 9, 5.15.16). Der ehemals jüdische Theologe sollte nicht den hebräischen Namen JHWH, sondern den Namen JESUS in aller Welt großmachen. Laut Philipper 2, 9.10 bekam der Sohn Gottes von Seinem Himmlischen Vater den Namen JESUS, ein Name, der über *alle* Namen ist. In *diesem* Namen müssen einmal alle Menschen ihre Knie beugen und alle Zungen bekennen, daß Jesus Christus der Herr sei, zur Ehre Gottes, des Vaters.

Für die Apostel und Jünger Jesu war *Jesus* der HERR. Das geht eindeutig aus Lukas 5, 8; Johannes 20, 18.25; 21, 7 und vielen anderen Stellen hervor. Dasselbe galt auch für Paulus, der den Christen in Rom schreibt:

„Denn wenn du mit deinem Munde bekennst, daß Jesus der Herr ist, und in deinem Herzen glaubst, daß ihn Gott von den Toten auferweckt hat, so wirst du gerettet ... Es ist hier kein Unterschied zwischen Juden und Griechen; es ist über alle derselbe Herr, reich für alle, die ihn anrufen ... Denn ,wer den Namen des Herrn anrufen wird, soll

gerettet werden'." (Römer 10, 9.12.13).

Deutlicher als in Vers 9 könnte uns nicht gesagt werden, wer der Herr ist, nämlich *Jesus Christus.*
Im 1. Brief an die Korinther, Kapitel 1, Vers 2, unterstreicht der Apostel Paulus, wie der Name des Herrn lautet, den alle echten Christen zu allen Zeiten und an allen Orten anrufen:
"... an die Geheiligten in Christus Jesus, die berufenen Heiligen samt allen, die den Namen unseres Herrn Jesus Christus anrufen an jedem Ort ..."
Nach Apostelgeschichte 10, 36 betont der Apostel Petrus, daß *"Jesus Christus Herr ist über alle".*
Er ist "der Herr aller Herren" (Offenbarung 19, 16).
Wer nun diesen Herrn mit Seinem Namen – dem Namen JESUS – anruft, der soll errettet werden.
Auch in der "Neuen-Welt-Übersetzung" der Zeugen Jehovas steht in Römer 10, 9, daß Jesus der Herr ist.
Doch in Römer 10, 13 ersetzen die "älteren Herren" des Wachtturms eigenmächtig das Wort "Herr" durch "Jehova". So lautet Römer 10, 13 in der im Verlag der Zeugen Jehovas herausgegebenen Bibel: "Wer den Namen Jehovas anruft, soll errettet werden". Und das, obwohl sie in Vers 9 noch schreiben, wie der Name des Herrn lautet, nämlich JESUS! Mit dieser Manipulation der Heiligen Schrift beweist die "Neue-Welt-Gesellschaft" einmal mehr, wie wenig Ehrfurcht sie vor Gottes heiligem Wort hat.

In seiner Predigt im Hause des römischen Hauptmanns Kornelius sprach Petrus von dem Auftrag eines Jüngers Jesu: *"Er hat uns geboten, dem Volk zu predigen und zu bezeugen, daß er von Gott bestimmt ist zum Richter der*

Lebenden und der Toten. Von diesem bezeugen alle Pro-
pheten, daß durch seinen Namen alle, die an ihn glauben,
Vergebung der Sünden empfangen sollen" (Apostelgeschichte 10, 42.43).

Daß Petrus hier von *Jesus* redet, ist aus der ganzen
Predigt leicht zu erkennen. Nur durch den Glauben an
den Namen Jesu können wir Vergebung unserer Sünden empfangen.

Nach Jesu eigenen Worten in Matthäus 10, 22 und 24, 9
kommt über Seine Jünger Verfolgung um des Namens
Jesu willen. Hier steht nichts davon, daß die Gläubigen
wegen des Namens JEHOVA oder JAHWE gehaßt und
getötet werden, sondern wegen des Namens JESUS.

Das höchste Religionsgericht in Jerusalem verbot damals im Prozeß gegen Petrus und Johannes den Gebrauch des Namens JESUS: *„Und sie riefen und gebo-*
ten ihnen, keinesfalls zu reden oder zu lehren in dem
Namen Jesu" (Apostelgeschichte 4, 18).

Doch für die Apostel gab es in diesem Fall nur eine Antwort: *„Wir können's ja nicht lassen, von dem zu reden,*
was wir gesehen und gehört haben" (Vers 20).

Sie waren von der Liebe zu Jesu so überwältigt, daß sie
auch bereit waren, ins Gefängnis und in den Tod für Ihn
zu gehen. Damit entsprachen die ersten Jünger des
Herrn voll und ganz dem Willen des himmlischen
Vaters, der von den Menschen erwartet, daß *„... sie alle*
den Sohn ehren, wie sie den Vater ehren. Wer den Sohn
nicht ehrt, der ehrt den Vater nicht, der ihn gesandt hat"
(Johannes 5, 23).

Dieses Ehren des Sohnes Gottes erweist sich im
genauen Befolgen der Worte Jesu.

„Wer meine Gebote hat und hält sie, der ist's, der mich liebt. Wer mich aber liebt, der wird von meinem Vater geliebt werden ..." (Johannes 14, 21).
In Johannes 16, 27 gibt uns Jesus eine weitere Zusage: *„... denn er selbst, der Vater, hat euch lieb, weil ihr mich liebt und glaubt, daß ich von Gott ausgegangen bin."*

Welch ein Vorrecht für uns sterbliche Menschen! Wir dürfen Freunde Jesu und Geliebte Gottes sein. Als solche halten wir uns genau an Sein Wort, wie Er uns in Johannes 15, 14 sagt: *„Ihr seid meine Freunde, wenn ihr tut, was ich euch gebiete."*

Hier steht nichts davon, daß wir von Haus zu Haus gehen und Menschen mit der Lehre der „Neuen-Welt-Gesellschaft" verwirren sollen, sondern daß wir in kindlichem Gehorsam Sein Wort *so* annehmen, wie es geschrieben steht.
Wer entgegen den klaren Aussagen der Heiligen Schrift immer alles besser wissen will, dem gilt das Wort Jesu aus Johannes 5, 38: *„... und sein Wort habt ihr nicht in euch wohnen, denn ihr glaubt dem nicht, den er gesandt hat."*
Nur da, wo Menschen nach dem Grundsatz handeln: „So steht es geschrieben, so soll es geschehen", wird es letztlich zu einer mächtigen Offenbarung der Kraft des lebendigen Gottes kommen, so wie es einst in Ephesus geschah. Dort glaubte man der Lehre des Apostels. Die Folge war: unzählige Sünder wurden gerettet, zahlreiche Gebundene erlebten ihre Befreiung, und viele Kranke erfuhren Heilung, nachdem Paulus mit ihnen gebetet hatte. Diese „Gute Nachricht" verbreitete sich in der ganzen Stadt. Die Furcht vor dem lebendigen

Gott kam über Juden und Heiden, „... *und der Name des Herrn Jesus wurde hochgelobt"* (Apostelgeschichte 19, 17).

Ist Jesus nur ein Erzengel oder der Sohn Gottes?

In dem weitverbreiteten „Paradiesbuch" der Zeugen Jehovas wird auf Seite 191, im 23. Kapitel, behauptet, daß Jesus Christus als Erzengel über alle Engel im Himmel eingesetzt ist. Im 2. Kapitel desselben Buches, in Abschnitt 17, erfährt der Leser sogar, daß Jesus der Erzengel Michael sein soll. Man scheut sich nicht, diese kühne Behauptung mit einem Bibelvers untermauern zu wollen: *„Krieg brach aus im Himmel: Michael (der auferstandene Jesus Christus) und seine Engel kämpften mit dem Drachen ..."* (Offenbarung 12, 7). Wohl hat man diese Falschaussage in eine Klammer gesetzt, doch wer erkennt schon diesen Mißbrauch des Wortes Gottes?

Demgegenüber lehrt uns die Heilige Schrift, daß Jesus kein Erzengel, sondern der Sohn des lebendigen Gottes ist. Dies wird deutlich bei der Taufe Jesu im Jordan und bei Seiner Verklärung auf dem Berge, als die Umstehenden jeweils die Stimme des Vaters aus dem Himmel hörten:

„Dies ist mein lieber Sohn, an welchem ich Wohlgefallen habe" (Matthäus 3, 17; 17, 5).

Inzwischen hat sich Jesus Christus zur Rechten Seines Vaters im Himmel gesetzt. Jesus *war und ist niemals* nur einer der Erzengel, sondern von Ewigkeit her der geliebte Sohn Seines himmlischen Vaters.

Zwar war Jesus *„eine kleine Zeit niedriger als die Engel"*, wie uns Hebräer 2, 7.9 lehrt, doch inzwischen ist Er über alle Engel erhöht worden. So lesen wir in Hebräer 1, 1-9: *„Nachdem Gott vorzeiten vielfach und auf vielerlei Weise geredet hat zu den Vätern durch die Propheten, hat er in diesen letzten Tagen zu uns geredet durch den Sohn, den er eingesetzt hat zum Erben über alles, durch den er auch die Welt gemacht hat. Er ist der Abglanz seiner Herrlichkeit und das Ebenbild seines Wesens und trägt alle Dinge mit seinem kräftigen Wort und hat vollbracht die Reinigung von den Sünden und hat sich gesetzt zur Rechten der Majestät in der Höhe. Und ist so viel höher geworden als die Engel, wie der Name, den er ererbt hat, höher ist als ihr Name. Denn zu welchem Engel hat Gott jemals gesagt: „Du bist mein Sohn, heute habe ich dich gezeugt"? und wiederum „Ich werde sein Vater sein, und er wird mein Sohn sein"? Und wenn er den Erstgeborenen wieder einführt in die Welt, spricht er: „Und es sollen ihn alle Engel Gottes anbeten". Von den Engeln spricht er zwar: „Er macht seine Engel zu Winden und seine Diener zu Feuerflammen", aber von dem Sohn: „Gott, dein Thron währt von Ewigkeit zu Ewigkeit, und das Zepter der Gerechtigkeit ist das Zepter deines Reiches. Du hast geliebt die Gerechtigkeit und gehaßt die Ungerechtigkeit; darum hat dich, o Gott, dein Gott gesalbt mit Freudenöl wie keinen deinesgleichen".*

Klar und deutlich wird uns hier gezeigt: Jesus steht weit über den Engeln. In Vers 8 und 9 redet Gott Vater Seinen Sohn Jesus selber mit „Gott" an und sagt, daß *alle* Engel ihn anbeten sollen. Wäre Jesus *nur* ein Erzengel, würde Ihm diese Ehre der Anbetung durch *alle* Engel nicht zuteil werden.

Wer steht hinter den vielen falschen Lehren der „Neuen-Welt-Gesellschaft"?

Wie wir aus den Antworten zu den vorhergehenden Fragen entnehmen konnten, sind die verschiedenen Schriften der „Neuen-Welt-Gesellschaft" voll mit irrigen und total falschen Behauptungen zu entscheidenden Aussagen der Heiligen Schrift. Da erhebt sich die Frage: „Wer steckt hinter dieser Bibelverdrehung?"

In der Ausführung zu Frage 2 haben wir schon darauf hingewiesen, daß es Satan selber ist, der durch seine Handlanger das Wort Gottes verdreht. Wo er die Menschen nicht durch blanken Atheismus, der totalen Leugnung der Existenz Gottes, auf seine Seite ziehen kann, versucht er es durch religiöse Irrlehren und Halbwahrheiten.

Schon bei unseren Stammeltern Adam und Eva hat „die alte Schlange" diese Taktik versucht. Damals im Paradies hat der Teufel Gottes Wort nicht sofort radikal und vollständig verworfen. Nein, er stellte es nur in Frage. Wo Gott hinter Seine Aussagen ein Ausrufezeichen setzte, machte der Widersacher ein Fragezeichen daraus.

Diese scheinbar kleine Änderung des Wortes Gottes hatte aber für Adam und seine Nachkommen eine katastrophale Wirkung. Die Folgen dieser Verirrung sind bis heute noch nicht überwunden.

Alles Bezweifeln und kritische Hinterfragen der klaren

Aussagen Gottes in der Bibel trägt die Spuren des Erz-
betrügers der Menschen. Satan hat nichts dagegen,
wenn Menschen ein bißchen in der Bibel blättern und
versuchen, nach christlichen Maßstäben zu leben. Er
stellt sich aber mit aller Macht gegen ein klares Bekennen und Ausleben des geschriebenen Wortes
Gottes. Der Teufel ist sogar Meister im Zitieren von
frommen Sprüchen. Dies wird deutlich aus dem Bericht
über die Versuchung Jesu. Damals führte er den Sohn
Gottes auf die Spitze des Tempels und wollte, daß Jesus
sich hinunterstürzt. Als Mittel zum Zweck zitierte
Satan Verse aus dem Alten Testament.

*„Da führte ihn der Teufel mit sich in die heilige Stadt und
stellte ihn auf die Zinne des Tempels und sprach zu ihm:
Bist du Gottes Sohn, so wirf dich hinab; denn es steht
geschrieben (Psalm 91, 11.12): ,Er wird seinen Engeln
deinetwegen Befehl geben; und sie werden dich auf den
Händen tragen, damit du deinen Fuß nicht an einen Stein
stößt' "* (Matthäus 4, 5.6).

Beim genauen Betrachten dieses Wortes erkennen wir
Satans Trick. Er unterschlägt Teile des Wortes Gottes.
In Psalm 91, 11.12 steht nicht, daß Gott Seinen Engeln
befohlen hat, Jesus zu bewahren, wenn Er von der
Spitze des Tempels hinunterspringt. Nein, dort steht:
*„Er hat seinen Engeln befohlen, daß sie dich behüten auf
allen deinen Wegen ... "*

Die Worte *„daß sie dich behüten auf allen deinen Wegen"*, ließ der Teufel bei seinem Angriff auf Jesus weg
und gab dem Wort Gottes damit eine ganz andere
Bedeutung. Auf die gleiche Weise treibt Satan auch
heute noch sein Spiel.

Wenn er nicht mehr weiter kann, dann operiert er mit
Halbwahrheiten. Damit beherrscht der Fürst der

Finsternis heute sogar Teile der „frommen Welt". Nicht nur die „Neue-Welt-Gesellschaft" hat von diesem Giftbecher biblischer Wortverdrehung getrunken, auch viele andere sogenannte christliche Kreise sind mit Mißtrauen, Zweifel und Unglauben gegenüber dem klaren Wort der Heiligen Schrift vergiftet.

Nur ein deutliches Festhalten an Gottes Wort, so wie es geschrieben steht, kann uns Menschen vor dem Verderben bewahren. *„Es steht geschrieben"*, war die Antwort Jesu. Damit allein konnte Er den Versucher in die Flucht jagen.

„So steht es geschrieben, so soll und wird es sein", ist das Glaubensbekenntnis aller echten Gotteskinder und Nachfolger Jesu bis in unsere Tage hinein. Hüten wir uns vor irgendwelchen Abstrichen am Wort der Bibel.

„Himmel und Erde werden vergehen, aber meine Worte werden nicht vergehen", sagt uns Jesus in Matthäus 24, 35.

„Wer mich liebt, der wird mein Wort halten", das ist der Maßstab, den Jesus an Seine Nachfolger laut Johannes 14, 23 anlegt.

Nicht Besserwisser, Wortverdreher und Zweifler an Seinen Aussagen werden einmal vor Ihm bestehen können, sondern nur Seine Freunde, die tun, was Er sagt (Johannes 15 ,14). Wer sich mit dem Schlangengift des „Sollte Gott gesagt haben ...?" vergiften läßt, hat keine Chance für die Zukunft. Da helfen auch keine religiösen Ämter und Würden.

Angesichts der zunehmenden antichristlichen Verführung, gewinnt das Wort unseres Herrn an die Gemeinde Philadelphia (auf deutsch: „Bruderliebe") mehr und mehr Bedeutung:*„Weil du mein Wort von der*

Geduld bewahrt hast, will auch ich dich bewahren vor der Stunde der Versuchung, die kommen wird über den ganzen Weltkreis, zu versuchen, die auf Erden wohnen" (Offenbarung 3, 10).

Schlußbetrachtung

Mit den vorliegenden Ausführungen wollten wir wahrheitssuchenden Menschen helfen, die Irrlehren der „Neuen-Welt-Gesellschaft" zu erkennen. Des weiteren bietet sie auch wiedergeborenen Gotteskindern in konzentrierter Weise eine Orientierung für das Gespräch mit Zeugen Jehovas. Immer und überall begegnet man den Anhängern dieser Lehre. Alle Mitglieder werden mehr oder weniger gezwungen, ein gewisses Soll im Straßen- und Hausbesuchsdienst abzuleisten. Die Stunden im Einsatz an der Straßenecke oder auf dem Marktplatz werden gezählt und vom örtlichen Versammlungsleiter genauestens registriert, wie auch alle Besuche von Haus zu Haus. Man will von „Gott Jehova" ja nichts geschenkt, sondern will sich das „Paradies" redlich verdienen.

Wir sollten als Volk des Herrn besonders für die vom „Wachtturm" Verführten beten. Wir wissen, daß viele Mitglieder dieser religiösen Gesellschaft in Wahrheit unschuldig Verführte sind. Oft waren es Menschen, die durch irgendeine Krise gingen und von ihren traditionellen Religionsgemeinschaften nicht die erwartete Hilfestellung erfuhren. Leider waren auch die echten Jünger Jesu nicht immer zur Stelle, um verirrte Schafe vor den reißenden Wölfen zu bewahren.

Doch ist es noch nicht zu spät. Unser Herr im Himmel will, daß auch die vielen betrogenen „Gesellschafter des Wachtturms" zur Erkenntnis der Wahrheit kommen und ihr Erbteil im Himmel erhalten.

Dafür sollten alle echten Bekenner Jesu im Gebet eintreten, besonders wenn in ihrer Verwandtschaft solche Verführte des Wachtturms sind. Die Hand unseres Gottes ist nicht zu kurz, Er kann noch immer tun, worum Seine Kinder Ihn bitten.

R. A. Torrey: SEI BEREIT FÜR DIE EWIGKEIT

Was geschieht, wenn ich sterbe? Wo werde ich die Ewigkeit zubringen? Bin ich bereit, vor Gott zu treten? Gibt es wirklich Himmel und Hölle? Woher bekomme ich die Gewißheit, errettet zu sein? Diese und andere Fragen beantwortet Torrey mit dem gebotenen Ernst und in seiner einfachen, direkten Art.
Bestell-Nr. 14062, € 6,95

A. Murray: GOTT BEGEGNEN IN DER STILLE

Dieses Buch verhilft uns zu einer tieferen, dauerhaften und ganz persönlichen Beziehung mit dem Herrn. Es kann Ihr ganzes Leben grundlegend verändern.
Bestell-Nr. 14063, € 6,95

J. R. Rice: MENSCHEN FÜR JESUS GEWINNEN!

Gott möchte uns mit neuer Liebe für die Verlorenen erfüllen, damit wir ihnen freudig die Botschaft der Errettung weitergeben können. Hierzu kann dieses Büchlein eine große Hilfe werden.
Bestell-Nr. 14064, € 4,50

H. W. Smith: CHRISTSEIN TÄGLICH

Die Autorin legt hier ein praktisches Buch für Christen vor, die Gott gehorsam sein wollen, dabei aber bisher keine Freude verspüren.
Bestell-Nr. 14065, € 6,95

H. W. Smith: DAS GEHEIMNIS EINES GLÜCKLICHEN CHRISTENLEBENS

In diesem Buch ruft die Autorin mit ansteckender Begeisterung zu einem sieghaften Christenleben auf.
Bestell-Nr. 14007, € 5,95

Kennen Sie die Zeitschrift

Gerne senden wir sie Ihnen kostenlos zur Probe.

Herold-Schriftenmission e.V.
Postfach 11 62, D-35634 Leun
www.herold-schriftenmission.de